警鐘

ワタミ株式会社
代表取締役会長兼グループCEO
渡邉美樹

ACHIEVEMENT

警鐘

——けいしょう——

はじめに――父へ

生前、父に「政治家にだけはなるな」と言われました。

しかし、参議院議員として6年間を過ごしました。

その6年間、わたしとワタミは「ブラック批判」と「経営危機」を経験しました。

ただ、どんな逆風下であっても、わたしは一度もあきらめることはありませんでした。

わたしの父は、沖縄の地上戦を戦いました。それは想像を超える日々だったと思います。そして父は、戦火を生き延び、戦後、映画・テレビコマーシャルの制作会社の経営者となりました。

父の事業は順調に拡大しました。絶頂期には、クルマの送り迎え付きで、大好きなジャイアンツ戦を特等席で観戦し、有名レストランで食事をし、子どもながらに、たくさんの幸せな経験をさせてもらいました。

しかし、わたしが10歳のときに会社の経営は傾き、父は「清算」という道を選びました。「倒産」ではなく、「清算」です。

父は、生涯をかけて、今で言うと「億単位」の借金を返しつづける道を選びました。そして数十年かけて、「清算完了」を成し遂げました。

つらい人生だったでしょうが、決して、あきらめない背中を見せてくれました。

父の敵討ちの気持ちで、幼心に「社長」になると夢を決めました。

その後、わたしがワタミを上場させた際には、父には監査役をお願いしました。父はその生涯を、上場企業の監査役として終えました。

上場企業の役員として新聞に載った父の小さな訃報記事は、親子2代、「決してあきらめなかった」象徴です。

ワタミの経営に復帰した今年、「ワタミ黒字」の文字が日本経済新聞に大きく躍りました。

さらにホワイト財団の数字上定める基準をクリアしているとして、ワタミはホワイトの仮認定を取得しました。

経営が苦しいとき、ワタミの清水邦晃《しみずくにあき》社長が毎朝、わたしの父の墓前にひとこと、言葉をかけてから出社していたと聞き、胸が熱くなりました。

ワタミの全社員があきらめなかったからこそ、今日がある。父親のＤＮＡである「あきらめない」はわたしだけでなく、時と人を越え物語を紡いでいます。

本書は、全国の中小企業経営者を意識して書きました。

日本経済の先行きは大変厳しい。

警鐘の鐘の音に、ぜひ耳を澄ませてもらいたいと思います。

そして「なぜわたしが、政治家になったのか」、その答えもしっかりと書きました。
父にも届くように……。

目次

第3章　危機………………………133

第4章 ワタミモデル……191

第5章 経営者育成

プロローグ

国会議員の最後に

2019年6月26日。第198回通常国会が閉会しました。参議院外交防衛委員長だったわたしは、委員会で閉会の手続きをおこなったあと、最後の本会議に出席しました。そして、同じく最後となる、参議院自民党の議員総会に出席しました。

参議院議員選挙を間近に控え、議員総会では引退する議員からの挨拶が慣例になっています。この挨拶で、わたしは本音を言うべきか否か、本会議の最中からずっと悩んでいました。

普段、わたしは悩むことはまったくありませんが、この時ばかりは何度も心が揺れました。「立つ鳥跡を濁さず」の通り、無難な挨拶で終えるべきか、最後だからこそ、本音を伝えるべきか。

わたしは言葉を選びながらも、思いのたけをぶつけさせていただきました。

「渡邉でございます。この6年間、大変お世話になりました。6年前、大変評判が悪いなかで、皆様のお仲間に入れていただきましたこと、感謝申し上げます。

この6年間の反省、そして後悔は、この国の突き進む財政破綻への道を止められなかったことです。自民党議員の皆様におかれましては、この国が抱える不都合な真実と向き合いながら、国民にとって耳の痛い話をしっかりと伝え、政策を実現し、前進していただきたいと思います。

わたし個人としては、一企業人としましてSDGs日本一の企業をつくり上げていきたいと思いますので、皆様のご指導をよろしくお願い申し上げます。6年間ありがとうございました」

多くの先生から野次られることを覚悟で話しましたが、意外にも誰ひとり、野次を飛ばす方はいませんでした。ある先生は「最後の最後まで渡邉さんらしかった」と仰ってくれました。

この国の財政破綻への道を止めること。それこそがわたしの使命と信じ、国政の世界に身を投じることを決心しました。

そして、2013年7月に参議院議員に当選したわたしは、翌年の12月に北海道夕張市へと向かいました。財政破綻した地方自治体とはどのようなものなのか。それを自分自身の目で確かめるためです。経営者であるわたしは、常に現場を見て物事を判断してきました。政治家になっても、現場に足を運び、現場の空気感を知りたいと思ったのです。

夕張は日本の未来の姿

総合病院は、立派な建物そのままに、機能だけ縮小されて診療所になっていました。

多数の医師を雇うお金がないからです。建物の中をまわると、空き部屋だらけ。閑散としていました。

老朽化したごみ焼却施設は建て替えも改修もできず廃墟と化し、ごみは焼却されることなく放置されていました。おもわず鼻をつまむほどの異臭がただよい、ヒッチコックの『鳥』を想起するほど大量のカラスが飛び交っていました。

7校あった小学校のうち6校は廃校になり、たった1校に統合されていました。4校あった中学校も、同様にたった1校に統合されていました。図書館、美術館、屋内プール、そして公衆トイレさえも閉鎖されていました。公務員の給料は平均で約4割も削減されていました。

夕張市に広がっていたのは「日本の未来の姿」そのものでした。

収入に対する借金。夕張市はこれがざっと8倍でした。それでは日本という国はどうなのでしょうか。実に約14倍です。個人にたとえれば、年収400万円の人が

5600万円の借金を抱えているということ。とても返せる額ではありません。

8倍の夕張市が財政破綻して、14倍の日本が破綻する可能性が高いことは、誰が考えてもわかるでしょう。

このままでは、日本はつぶれる

「このままでは、間違いなく日本はつぶれる」

そう心で何度もつぶやきながら、国会の予算委員会のやり取りを聞いていました。

わたしは参議院議員を1期、6年間にわたって務めました。その間、日本の存亡に対して震えるような思いが募っていきました。

最も不思議だったのは、お金に対する感覚です。

経営者としてのお金の感覚。

国会・省庁のお金の感覚。

このふたつがまったく異なるのです。


国会関連の会議に出席すると、国会議員たちは「予算をどれだけ増やすか？」という話し合いばかりでした。あの感覚は、企業ではありえません。

企業でも予算をつくりますが、「去年うちの部署の予算が3億円だったから、今年は3億2000万円ください」と言われたら、普通の経営者なら「いったい何に使うの？」と問うのが当たり前です。ところが国会にはそれがありません。

そもそも国会には「予算委員会」というものがありますが、予算の話すらしません。わたしは、予算委員会というからには予算の話をするのかと思いましたが、そうではありませんでした。

それではなんの話をしているのか。近年では、たとえば森友・加計問題ばかり取り上げられていました。

3億2000万円の予算を使ったとして、翌年、全然効果がなかったら、どうなるでしょうか。企業なら「責任を取りなさい」となるわけです。企業では、お金を使った結果を検証しないということはありえません。

参議院には決算委員会というものがあります。ところが不思議なことに、ここでも決算についてほとんど議論しないのです。

費用対効果を高めるという感覚。国会には、これが欠落しています。国会というのは異常な世界だと思いました。

企業では昨年は1億円かかったものを8000万円にコストカットすれば、大きな手柄です。極めて優秀な社員と見なされます。

ところが霞が関では、1億円を使い切るのが優秀な人材。8000万円に削減するという発想はありません。そんなことをしてしまっては、次年度の予算が8000万円に減らされてしまうからです。

予算ひとつ取ってみても、完全な既得権になってしまっているのです。企業どころか主婦感覚ですらおかしいことが、国会や省庁の中で起きつづけているのです。

国会は、お金が湯水のごとく出ていくのが当たり前の世界です。

この感覚は、あの椅子に座っていて痛感しました。

ここまでずれているのか。そんな恐ろしさすら感じました。

2019年度の国の一般会計予算は、約101兆円。省庁別の歳出は、財務省を除くすべての省庁で前年度より増えました。財務省は東日本大震災復興特別会計への繰入が大幅に減少しています。その減少分がなければ財務省の歳出合計は前年度を上回っており、実質的には全省庁の歳出が増えたと言えます。

皆さんはあまり気にしていないかもしれませんが、7年連続で過去最高を更新しています。人口も経済規模も縮小しようとしている今、この時代にあって、国家予算は膨れ上がりつづけているのです。

なぜ、こんなことが起こっているのでしょうか。これは、長い年月をかけてこの国に染みついた文化なのです。日本は第二次世界大戦後、ずっと右肩上がりで成長してきました。それに伴い税収も増えつづけてきたのです。すべての仕組みが右肩上がりを前提にしています。

しかし、今の日本は違います。少子化に伴ってすでに人口減少が始まった日本は、右肩下がりの時代に突入しました。この現状に、国は対応しきれていません。各省庁の予算は増えて当たり前。相変わらず予算をどれだけ増やすかの戦いをつづけています。高度経済成長期の50年前とまったく同じことを繰り返しているのです。

医療も介護も年金も崩壊する

年金問題を考えてみてください。65歳以上の高齢者1人を何人で支えているのでしょうか。

1950（昭和25）年は、1人の高齢者を12・1人の現役世代（20歳〜64歳）で支えていました。

2018年には、1人の高齢者を支えるのは2・1人に。

2040年には、1・5人で1人の高齢者を支えることになると見込まれています。今の制度が持つわけはありません。

年金制度も、医療制度も、介護制度も、このまま崩壊しないはずがないのです。

高齢者が増えていくのに、今の給付額を保とうと思ったら、保険料を上げるしかない。保険料を上げないなら、給付額を減らすしかない。保険料も給付額もそのままにするなら、消費税を上げるしかない。

単純な話です。この現実を、誰も直視しません。

2019年度の一般会計予算によると、公債金による歳入は31・9兆円。一日あたり873億円の借金をしていることになります。国会議員が不毛な議論をしているあいだに、ものすごい勢いで借金が積み上がっているのです。

なんて滑稽なのでしょうか。それに国民は気づかない。わたしも国会議員になるまで気づきませんでした。

国会議員デビューの衝撃

2013年秋。参議院議員に初当選したわたしは、自民党の国土交通部会に出席しました。これが国会議員としてのデビューでした。わたしは、政治家としての新たなスタートに胸が高鳴っていました。

議題は、タクシーの規制を強化するというもの。私たち自民党の議員は、規制緩和による自由競争を促すアベノミクスの推進を訴えて当選しました。それなのに、タクシー事業者に強制的な運賃値上げと台数削減を求めるというのです。新規参入したタクシー事業者からは当然、反対意見が出ました。

「アベノミクスに反すると思いませんか?」

わたしは挙手して、そう発言しました。国会議員としてのはじめての発言です。すると……。

「思わな〜い！」
大勢の自民党議員が、まるで小学生のように一斉に声を上げました。わたしは、このときの震えを忘れることができません。

タクシー業界の規制を緩和して、参入障壁を下げて、自由競争を促していく。それによって、サービスの質が向上するとともに、価格も安くなる。そうなれば消費者は大きなメリットを得られます。結果的にタクシーの利用者も増えて、業界全体が潤うはずです。これが規制緩和です。

ところが、アベノミクスとは逆行する法案を通そうとするわけです。全員が「アベノミクスを成功させよう」と言って当選したのに、いきなりアベノミクスに逆行する法案に全員で賛成してどうするのでしょうか？　驚くほかありませんでした。

翌日には、早速、「10月22日に開かれた自民党の国土交通部会では、飲食店チェーン『ワタミ』創業者の渡辺美樹参院議員が、法案をめぐり『居酒屋業界が苦しくなるから居酒屋の新規出店をしてはいけないとなれば競争はなくなってしまう』と主張した。ただ、法案に反対姿勢だったのは渡辺氏だけだった」というニュースが流れました（2013年10月22日付け産経ニュース）。

わたしは、自民党の国会議員としてデビューして早々に「党内抵抗勢力」とみなされてしまったのです。

この危機を乗り越えるために

それでは国会議員たちは悪意があるのでしょうか？

私利私欲だけで動いているのでしょうか？

そんなことはありません。政治家でありつづけるには、地元の意向、支援してくれる団体の意向を吸い上げなければならないのです。そうしなければ、国会議員として生き残れません。これは国会議員個人の問題ではなく、仕組みの問題です。

わたしは、特定の団体の支援を受けない数少ない参議院議員でした。政治資金を集める目的ではパーティーは一度も開催しませんでした。わたしはたった1人、日本の政治の仕組みの外側にいた国会議員だったのです。そんなわたしだからこそ、見えた景色があります。

このままでは日本はつぶれてしまうかもしれない。
しかし、この国をつぶしたくない。

わたしは日ごろ数多くの経営者の方々とお会いしています。経営者なら、誰しも社員とその家族を守ろうと考えているでしょう。それでは、崩壊に向かっているこの日本で、どうすれば会社を、社員を、その家族を守れるのでしょうか。

日本の財政に対する「警鐘」。
6年間にわたって務めた国会議員としての挫折。
その間のワタミグループ創業者としての苦悩。
なぜ、政治家になろうとしたのか。

政治家を退任してこれから果たすべき責任。

中小企業経営者へのエールと大いなる「警鐘」。

わたしが創業したワタミグループは、いろんな壁にぶつかってきました。皆さんもご存じの通り、ブラック企業批判にさらされたこともありました。

こうしたマイナス面も含めて、わたしが知りうるかぎりのことを本書で記すつもりです。

この瀕死の日本で生き残るためにはどうすればいいのか？

組織のリーダーとして何をすべきか？

本書が皆さんの道しるべになれば、これ以上の喜びはありません。

第1章

破綻

経営者は国の将来を読むべし

日本はつぶれる。過激な表現だと思われた読者もいることでしょう。しかし、決して大袈裟な話ではありません。わたしは、2020年の東京オリンピックの数年後に、日本経済は壊滅的な状況になると思っています。それは、今のこの国の財政が再建不能になる寸前だからです。

ここで「この国の財政なんてわたしには関係ない」「わが社には関係ない」と考える読者もいることでしょう。この本の読者には、中小企業の経営者・経営幹部・従業員の方も多いと思います。そんな方々からすれば「国の財政は関係ない」「日々の仕事をこなすので精一杯だ」「わが社の商圏は地域密着だから地域経済は大切でも、国の経済は関係ない」と思われる方がいても無理はありません。

しかし、そうした考えは間違いだとわたしは思います。今こそ、とくに中小企業の経営者は、日本の財政や政府の方針に関心をもたなければなりません。なぜなら、経営とは「変化対応業」だからです。経営は「時流」の中にあるのです。

今から40年近く前、大学生のわたしは24歳で社長になると決めていました。しかし、どの業界で社長になるかは決めていませんでした。そこで大学4年生のときに、どの業界で起業するかを決めるため、北半球一周旅行に出たのです。

ただやみくもに各国をまわったわけではありません。わたしは起業する業界の目途をつけていました。それは、第一に、「人」だけで差別化できる業界であること。24歳の若者には、お金も物も十分な情報すらありません。それであれば、「人」で差別化できる業界を選択しなければなりません。

第二に、「時流」に乗っている「事業」であること。当時、日本の外食産業では、大手企業による市場占有率は10％未満でした。アメリカがすでに30％を超えていたことを考えると、日本の外食産業はまだまだ未成熟であり、切りこむ余地はいくらでもありました。

また、当時の日本は初期の8ビットパソコンがシャープや日立から発売され、パソコンの出荷台数が右肩上がりでした。だからわたしは当時、外食産業かＩＴ業界での起業を念頭に置き、北半球一周旅行に出ました。そしてその旅行の最後に、ニューヨークのライブハウスで、一生忘れられない光景に出会います。さまざまな肌の色を持ち、さまざまな国籍を持ち、さまざまな主義・主張を持つ人たちが、ひとつになって歌い、踊り、笑顔で語らい、同じ時を過ごしていたのです。その感動的な場面に出会ったとき、涙が止まりませんでした。

わたしが外食産業で起業することを決意し、「一人でも多くのお客様にあらゆる出会いとふれあいの場と安らぎの空間を提供すること」というワタミの経営理念が生まれた瞬間でした。

ワタミグループの社員にわたしはよく言います。「心」と「科学」のバランスが大切だと。ニューヨークのライブハウスでわたしの「心」を揺さぶった出来事は、確かに外食産業での起業を決意させました。しかし一方で、大手企業の市場占有率の分析という「科学」から導き出した「時流」の判断もまた、その後のワタミの成長を裏付ける大切な視点だったのです。

世界を席巻する保護主義の台頭、米中貿易戦争、英国のＥＵ離脱、世界の人口増大、アジアにおける中間所得層の爆発的な増加、気候変動、石油資源の枯渇等、世界を取り巻く環境は猛スピードで変化しています。

日本も同様です。人口減少、少子高齢化の加速、独居老人の増加、地方の衰退、社会保障費の増大、年金制度の破綻等、私たちを取り巻く環境は著しく変化しています。

わたしは定期的に経営塾を開講していますが、塾生である中小企業の経営者からこうした変化を嘆く声を聞くことも少なくありません。そんなとき、必ずその経営者に伝えます。「すべては前提です。そうした変化や時流を前提として、経営戦略を組み立てなければなりません」と。なぜならそうした変化や時流は、すべての企業に公平に降りかかるものだからです。嘆いてばかりではなく、変化や時流を見きわめ、そのなかでどうやって勝ち残っていくのかを考えることこそが経営なのです。

そして、「日本がつぶれるかもしれない」という前提こそ、わたしが読者の皆さんにもっとも伝えたい「警鐘」なのです。それは、悲観的になるための警鐘ではありません。リスクに対して従業員とその家族を守ることこそ企業の第一の使命です。それであれば、経営者や経営幹部は悲観的になっている場合ではありません。日本がつぶれるかもしれない「前提」で、日本がつぶれても倒れない強固な財務体質とビジネスモデルを今からつくり上げる必要があるのです。

それでは、なぜ、日本がつぶれるかもしれないのか、具体的に説明しましょう。

膨張する日本の予算

日本の一般会計予算がいくらか、ご存じでしょうか。2019年度の一般会計予算は101兆円です。7年連続で過去最高を更新しており、当初予算段階で100兆円を超えたのは2019年度がはじめてのことです。

社会保障費34兆円を含む基礎的財政収支対象経費は77・9兆円です。基礎的財政収支とは、プライマリーバランスと呼ばれ、税収・税外収入と、国債の元本返済や利子の支払いを除いた歳出との収支のことです。プラスになれば、その年度で必要な政策的経費を、その年度の税収等で賄えていることになります。逆にマイナスになれば、必要な政策的経費に対して税収が足りない、ということになります。企業会計で言えば、営業利益がプラスかマイナスか、というイメージでとらえてください。

しかし、企業が営業利益だけではなく、経常利益にも着目しなければならないのと同様に、国もまた、プライマリーバランスだけ見ていればいいわけではありません。プライマリーバランスが均衡しても、利子の支払い分、2019年度予算であれば約8・9兆円が実際には赤字なのです。この利子の支払い分も含めて収支をプラスマイナスゼロにすることを財政均衡と呼びます。

本来であれば財政均衡をめざさなければならないのですが、今の日本の財政にとってそれはあまりにハードルが高すぎます。なぜなら、プライマリーバランスの黒字化すらできないからです。2019年度の税収と税収外収入の合計は68・8兆円。それに対して基礎的財政収支対象経費が77・9兆円ですから、プライマリーバランスは9・1兆円のマイナスです。このプライマリーバランスの赤字は、バブル崩壊後、ず

平成31年度一般会計歳出・歳入の構成（通常分＋臨時・特別の措置）

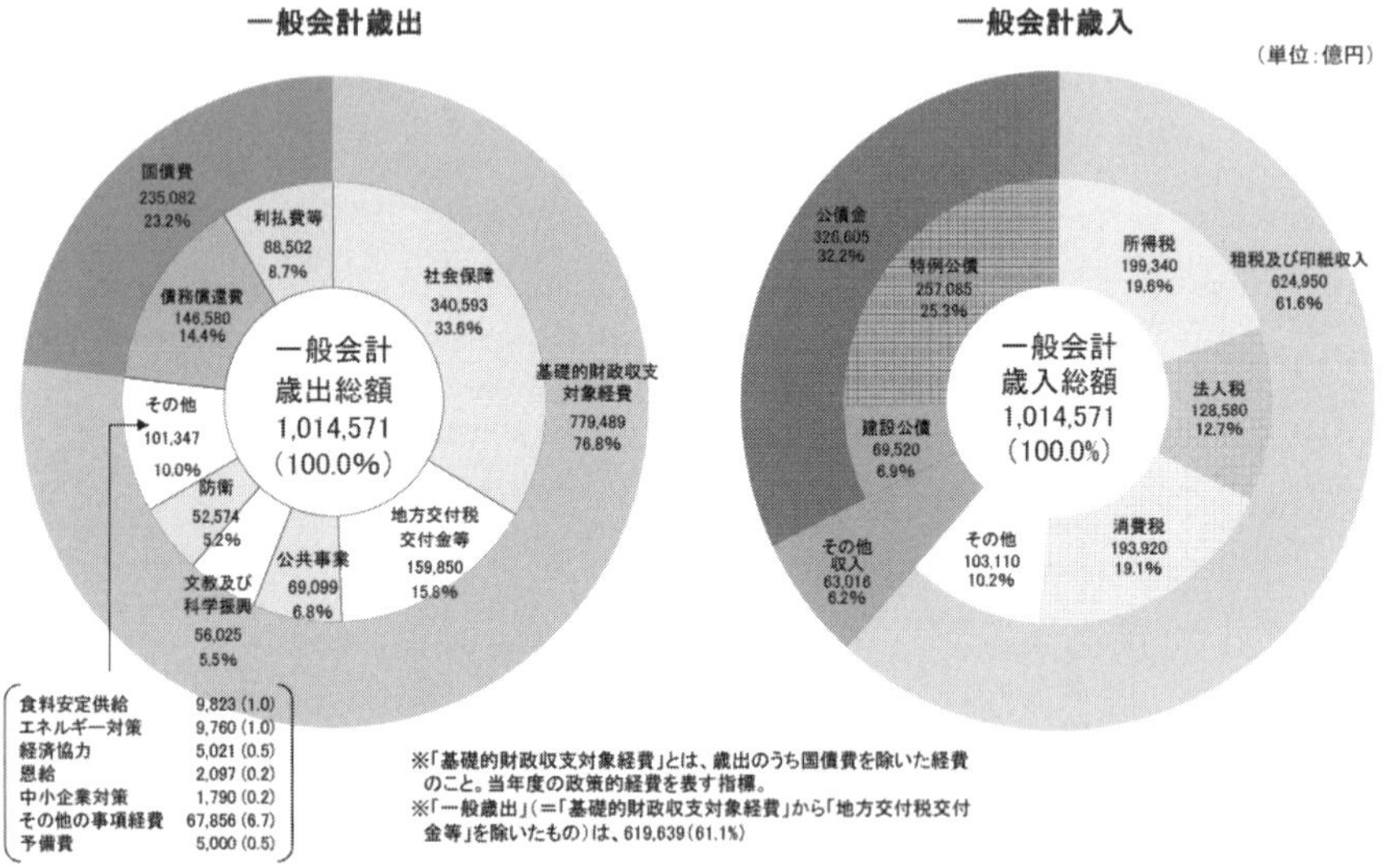

（注1）臨時・特別の措置2兆280億円を含む。
（注2）計数については、それぞれ四捨五入によっているので、端数において合計とは合致しないものがある。
（注3）一般歳出※における社会保障関係費の割合は55.0%。

出典：「日本の財政を考える」（財務省）
https://www.mof.go.jp/zaisei/matome/index.html

っと続いており、そのあいだに国の借金は雪だるま式に膨れ上がっているのです。

なお、2019年度の歳入における新たな借金は32・7兆円です。国民は、この金額に対してもっと敏感にならなければなりません。あまりに巨額でイメージできないのかもしれませんが、32・7兆円を365日で割ると、約896億円です。つまり、毎日新たに896億円の借金を繰り返していることになるのです。

2017年、国会はいわゆる「森友問題」で大騒ぎでした。国有地を約5億円値引いて森友学園に売ったということで、国会では連日、野党が政府を問い詰めていました。その国会の場で、わたしはいつも冷めた頭で「5億円でこれほど大騒ぎするのなら、毎日数百億円の新たな借金が積み上がっている日本の財政についてなぜ野党は問い詰めないのか」と考えていました。この国の財政を俯瞰してみれば、誤解を恐れずに言うと、森友問題の5億円に限られた国会審議の時間の多くを割くことは、無駄以外のなにものでもありません。

結局のところ、野党もまた、政府のスキャンダル探しに躍起になっているだけであ

一般会計税収、歳出総額及び公債発行額の推移

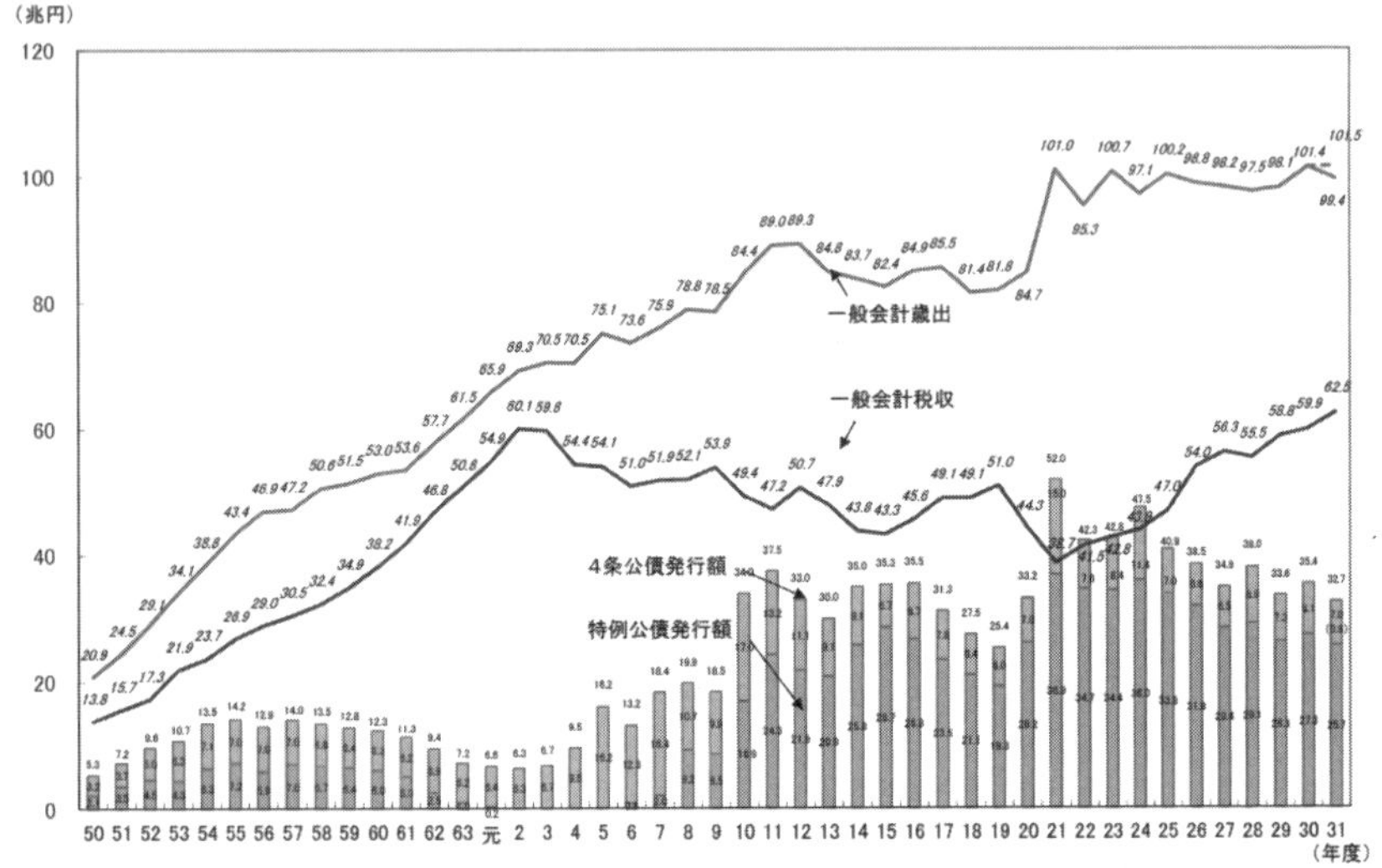

(注1)平成29年度までは決算、平成30年度は第二次補正後予算案、平成31年度は政府案による。

(注2)公債発行額は、平成2年度は湾岸地域における平和回復活動を支援する財源を調達するための臨時特別公債、平成6〜8年度は消費税率3％から5％の引き上げに先行しておこなった減税による租税収入の減少を補うための減税特例公債、平成23年度は東日本大震災からの復興のために実施する施策の財源を調達するための復興債、平成24年度及び25年度は基礎年金国庫負担2分の1を実現する財源を調達するための年金特例公債を除いている。

(注3)平成31年度の計数は、一般会計歳出については、点線が臨時・特別の措置に係る計数を含んだもの、実線が臨時・特別の措置に係る計数を除いたもの。また、公債発行額については、総額は臨時・特別の措置分も含めた計数、()内は臨時・特別の措置に係る建設公債発行額。

出典：「日本の財政を考える」（財務省）
https://www.mof.go.jp/zaisei/matome/index.html

り、この国の将来を本気で見据えているわけではないのです。

一般会計歳出と歳入の推移を見てみましょう。バブル崩壊後の平成初期から、その差がどんどん広がっています。この一般会計歳出と歳入の推移のグラフは通称「ワニの口」と呼ばれています。水面から顔を出し、口を大きく広げるワニの姿にそっくりだからです。プライマリーバランスを黒字にし、さらには財政均衡を実現するということは、このワニの口を閉じることにほかなりません。では、プライマリーバランスの黒字化、そして財政均衡を実現するためにはどうしたらいいのでしょうか。

企業経営の視点で見れば明確です。営業利益がマイナスであれば、売上を増やして、経費を削減しなければなりません。営業利益で赤字が続く企業で経費だけが年々膨れ上がるなんてことはあり得ません。

国の財政も企業と同じです。プライマリーバランスを黒字にするためには、税収を増やし、歳出を削減しなければならないのです。それにもかかわらず、一般会計予算が7年連続で過去最高を更新しているということは、赤字が続くこの国で、使う経費

日本の財政を家計へ置き換える

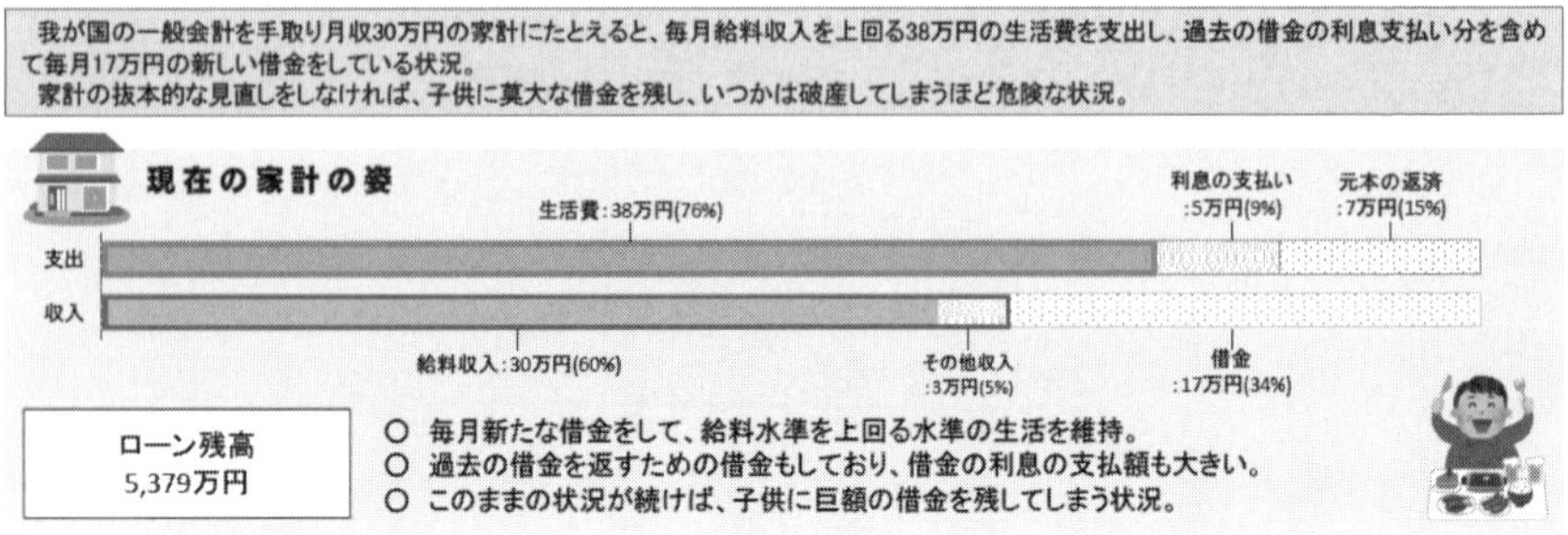
我が国の一般会計を手取り月収30万円の家計にたとえると、毎月給料収入を上回る38万円の生活費を支出し、過去の借金の利息支払い分を含めて毎月17万円の新しい借金をしている状況。
家計の抜本的な見直しをしなければ、子供に莫大な借金を残し、いつかは破産してしまうほど危険な状況。
現在の家計の姿
生活費：38万円(76%)
利息の支払い：5万円(9%)
元本の返済：7万円(15%)
支出
収入
給料収入：30万円(60%)
その他収入：3万円(5%)
借金：17万円(34%)
ローン残高
5,379万円
○ 毎月新たな借金をして、給料水準を上回る水準の生活を維持。
○ 過去の借金を返すための借金もしており、借金の利息の支払額も大きい。
○ このままの状況が続けば、子供に巨額の借金を残してしまう状況。

出典：「日本の財政を考える」（財務省）https://www.mof.go.jp/zaisei/matome/index.html

だけは年々膨れ上がっているということです。それがどれだけ非常識なことかは誰が考えてもわかることでしょう。

日本の財政を家計に置き換えてみると、より理解は深まります。毎月の収入が33万円のA氏は、生活費だけで毎月38万円を支出しています。さらに、ローン残高は5379万円もあり、元本返済と利払いで毎月12万円の支出があります。毎月の支出合計は50万円で、支出と収入の差額である17万円を毎月、新たに借金しています。A氏にはボーナスはありません。

さて、A氏の家計は今後どうなるでしょうか。子どもに莫大な借金を残し、そう遠くない時期に破産してしまうことは

一般政府債務と家計金融資産の推移

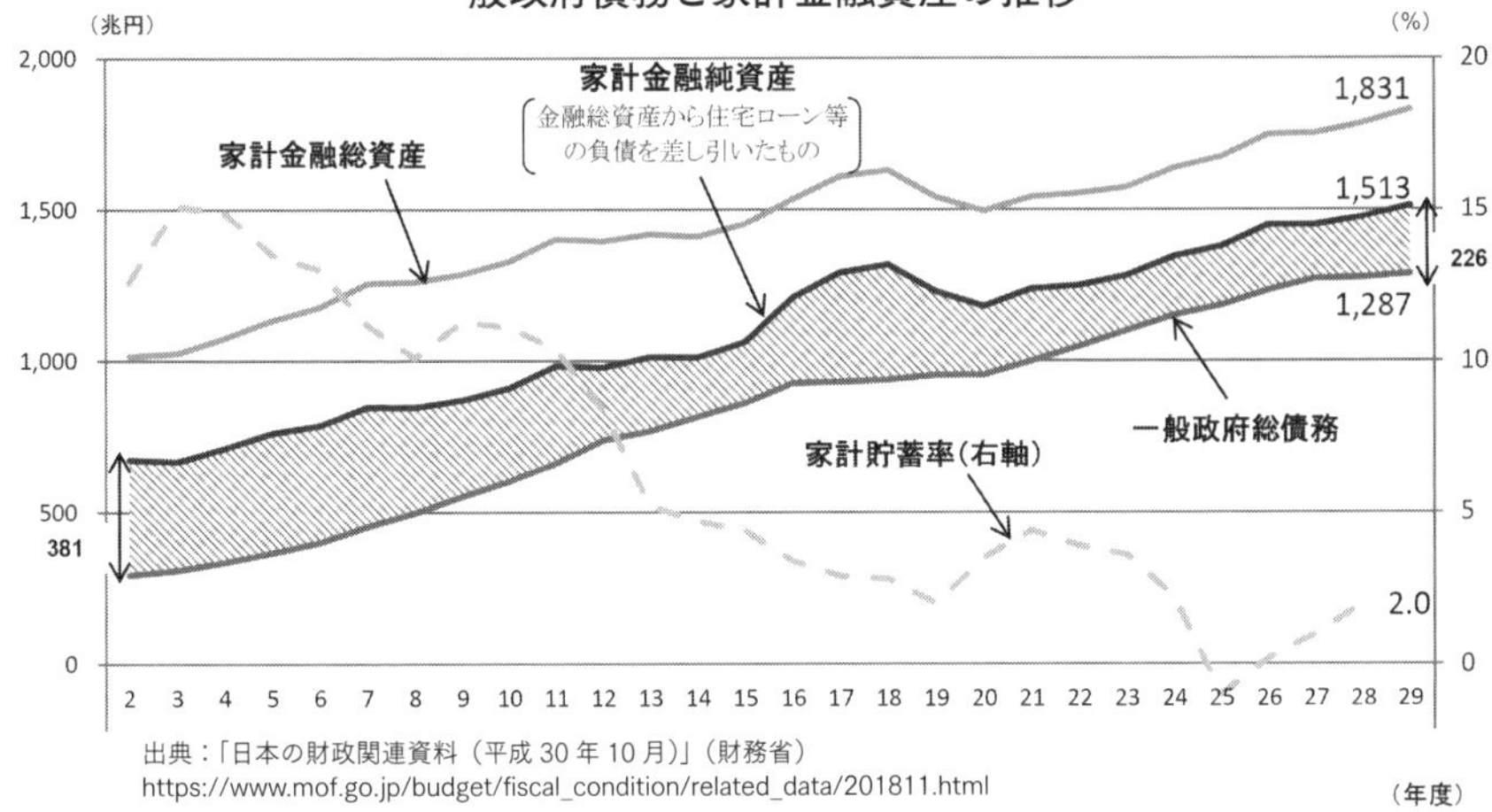

出典：「日本の財政関連資料（平成30年10月）」（財務省）
https://www.mof.go.jp/budget/fiscal_condition/related_data/201811.html

日本銀行「資金循環統計」、内閣府「国民経済計算」
（注：一般政府債務と家計金融資産については、各年度末の数値）より

誰の目にも明らかです。

わたしのラジオに出演していただいた慶應義塾大学経済学部教授の小林慶一《こばやしけいいち》郎《ろう》氏は、法政大学経済学部教授の小黒一《おぐろかず》正《まさ》氏らとの編著で『財政破綻後』（日本経済新聞出版社、2018・4）という衝撃的なタイトルの書籍を書かれています。財政破綻することがもはや前提となっているのです。

氏らは、その本の中で、財政破綻しないというさまざまな俗説に対して、明確な反論を述べられています。たとえば、「日本は個人資産が多いからつぶれない」という説がありますが、家計金融総資産

から住宅ローン等の負債を差し引いた家計金融純資産の推移を見ると、政府債務がそれに追いつく寸前になっています。「日本は個人資産が多いからつぶれない」という俗説はもはや説得力がありません。

また、その書籍の中では、なんらかの財政再建の努力がなければ、2035年には日本が財政破綻する確率は驚くことに「ほぼ100％である」と試算されています。「日本はつぶれる」という表現が、嘘でも大袈裟でもないことはおわかりいただけましたか。

欧米先進国との比較

税収で足りない分を新たな借金で補てんしつづけているのですから、当然、借金の残高は膨らみます。現在、国と地方の債務残高は1100兆円を超えています。

それは国家として普通の状態なのでしょうか。債務残高対GDP比を欧米各国と比較すると、日本だけ突出していることがよくわかります。日本はGDPの約2・4倍の債務を抱えていますが、EUの中では財務的に問題児と呼ばれるイタリアでさえ、

債務残高対 GDP 比

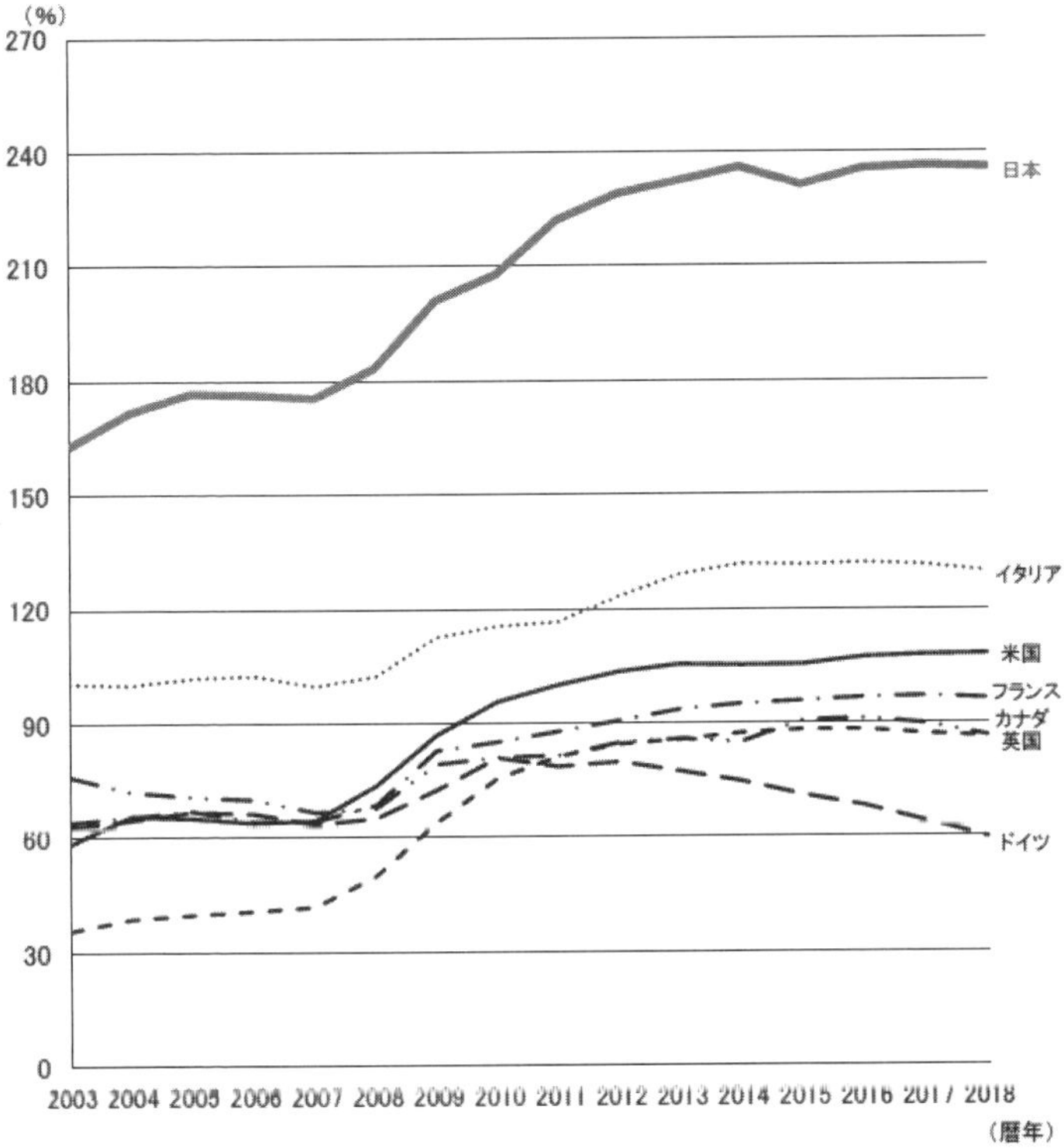

出典：「日本の財政を考える」（財務省） https://www.mof.go.jp/zaisei/matome/index.html

1・3倍程度でしかありません。米国で約1倍。フランス、カナダ、英国は0・9倍程度で債務残高はGDPを下回っています。

特筆すべきはドイツです。2010年から債務残高対GDP比は下がりつづけ、いまや0・6倍の水準となっています。なぜ、ドイツの債務残高は下がりつづけているのでしょうか。それには理由があります。ドイツは、憲法にあたるドイツ基本法において、財政規律に関するルールが定められているのです。

ルール①：連邦政府及び州政府の予算は、原則として公債収入なしに均衡させなければならない。

ルール②：ただし、連邦政府においては、構造的な財政収支差として、毎年GDPの0・35％を超えない範囲で公債発行が認められる。

GDPの0・35％という基準を日本に当ててはめてみましょう。2018年度の日本の名目GDPは548兆円です。この0・35％は1・9兆円です。しかし、2018年度の一般会計予算の公債金は33・7兆円で、これはGDPの6・1％に該当します。

ドイツ憲法で上限と定められている基準の17倍の借金を日本は良しとしているのです。

憲法や法律で財政規律について定めている国はドイツだけではありません。ニュージーランドでは、1994年に財政責任法が制定され、中長期的な財政戦略、予算編成の基本方針等、財政運営全般に関する基本的な枠組みが規定されています。さらに、ルールの遵守状況の検証が義務付けられています。

米国では、1990年に制定された予算執行法によって、裁量的経費について毎年、支出上限を設ける「キャップ制」を導入しています。

また、義務的経費については、新たに歳出増・歳入減を伴う政策を実施する場合、別の歳出削減・増収措置を義務付ける「ペイ・アズ・ユー・ゴー原則」も導入されています。

1993年に発効した欧州連合条約（マーストリヒト条約）においては、ユーロ圏への参加要件として、財政については、①単年度の財政赤字が対GDP比で3％、②

債務残高対GDP比で60%を超えないこととする基準（いわゆる「マーストリヒト基準」）が示されました。日本は単年度の財政赤字が対GDP比で6%、債務残高対GDP比が240%もあるのですから、もし日本がEU圏にあったとしても、日本はEUに加盟できないのです。

欧米各国が1990年代に競うように財政規律に関する新たなルールを導入したにもかかわらず、日本はバブル崩壊のショックから立ち直ることができず、失われた30年のあいだに借金を重ねつづけ、あるべき財政規律を導入することができなかったのです。

わたしは議員生活6年間で、憲法に財政規律を明記することを主張しつづけてきました。たとえば自民党の憲法改正推進本部の本部長宛てに「憲法改正に関する私案」として、財政規律の必要性を訴えたこともあります。しかし、そうした提案がとりあげられたことは残念ながら一度もありません。

海外で起こった悲劇

では、国がつぶれるとは、実際にどのような状況に陥るのでしょうか。それぞれ破綻の原因は異なりますが、3ヵ国の事例を紹介しましょう。

韓国では、財閥の過剰債務が大きな引き金となり、1997年にIMFに支援要請する状況に陥りました。1997年から1998年の間に、韓国では財閥が相次いで破綻し、韓国第二の自動車メーカーである起亜自動車も破綻しました。起亜自動車の破綻は、海外投資家の資金逃避を誘発しました。金融機関も相次いで破綻し、通貨(ウォン)の価値は半減し、格付け機関による格下げで社債の新規発行はストップし、株価は3年前の最高値時より4分の1にまで下落しました。

銀行は貸し渋り・貸し剥がしを始め、1997年1年間に倒産した企業は1万7000社に達しました。倒産を免れた企業も人員削減を加速させ、失業率は8・8%、若者の失業率は14・5%まで上昇しました。年7~8%で推移していた経済成長率は1998年にはマイナス5・5%に急落しました。

次にギリシャです。ギリシャでは、公務員の過剰待遇や歳入に対して分不相応な社会保障が原因で財政が悪化しました。2009年に政権が交代し、前政権の財政赤字の隠ぺいが発覚したことで信用が一気に失墜し、国債の暴落を招きました。

その後、国債金利（10年物）は40％に迫るまで急上昇し、新規に国債を発行できなくなりました。IMFとEUに支援を要請しましたが、ストライキ等が多発し、社会は大混乱に陥りました。消費税は23％へ増税され、ギリシャ国民は賃金の30〜40％をカットされ、年金の6割を失った人もいました。

失業率は26・8％まで上昇し、特に若者の失業率は50％を超えたとも言われています。富裕層は海外に移転しました。

韓国とギリシャの破綻はそれぞれ原因がまったく異なりますが、どちらにも言えることは、ひとつのきっかけで何かが狂い始めると、次々と連鎖して止めることもままならず、社会は大混乱に陥り、最終的には国民に大きな痛みが生じるということです。

最後にアルゼンチンの事例を紹介しましょう。アルゼンチンは、経済協力開発機構

（ＯＥＣＤ）加盟国でもあり、先進国と位置づけられることもあります。しかし、過去8回のデフォルト（債務不履行）を経験する等、その財政と経済は決して安定してはいません。

２０１７年のＧＤＰ成長率は２・７％でしたが、２０１８年はマイナス２・５％とマイナス成長になりました。インフレ率は２０１７年に24・８％、２０１８年に47・6％、２０１９年４月には55・８％となり、３年間で物価はおよそ３倍になっています。自国通貨であるペソは、対ドルで２０１７年が18・77ペソ、２０１８年が37・81ペソ、２０１９年４月には44・01ペソと下落が続き、この３年間でペソの価値は半分以下になりました。興味深いのは、インフレではあっても、ハイパーインフレではない、ということです。ハイパーほど急激ではなく、かといって「緩やかに」と呼ぶにはふさわしくないペースで、物価上昇と為替の下落が続いているのです。

もし、日本で同じことが起きると、物価が今の３倍になり、為替は１ドル＝２５０円まで円安が進行するということです。

そうなったら、日本はどうなるでしょうか。物価が３倍になるのですから、国民の生活は一気に苦しくなります。1ドル＝250円になれば、輸入企業は当然、大打撃を受けます。一方で、輸出企業は大きなチャンスです。また、海外からの輸入製品に価格面で厳しい戦いを強いられてきた国内産業にとっては、大きなチャンスになります。

たとえばわたしは、公益財団法人「Save Earth Foundation」（SEF）で森林再生事業をおこなっています。森林再生のためには、木を間伐しなければなりません。これをビジネスとして成り立たせるためには、間伐した木材を販売しなければなりませんが、間伐費や加工費を積み上げると、現在は海外からの輸入木材に価格面で太刀打ちできません。日本の森林の間伐が進まない大きな要因のひとつです。しかし、もし1ドル＝250円になったら、国内の間伐材は一気に価格競争力を得ることができ、魅力的なビジネスに様変わりします。

農業も同様です。海外からの輸入食材よりも国産の食材のほうが「円安」により、安くなるとわたしは考えています。同時に、日本の食材は世界で安全・安心のイメージがあります。「円安」により、日本の農業は、強力な輸出事業になりえるとも考えています。

わたしが皆さんに「日本の財政や経済のトレンドについてしっかり勉強してくださ

い。それは皆さんにとって無関係ではありません」と言う理由は、間伐材の事例や農業の事例がとてもわかりやすいと思います。日本の財政や経済のトレンドを知り、他国の事例に学ぶことを怠れば、経営判断を誤り、チャンスを逃してしまうのです。

少子高齢化と社会保障費の膨張

日本の財政が悪化している要因のひとつが、少子高齢化が進み、社会保障費の増加に歯止めがかからないことです。

年齢別人口ピラミッドを見ると、１９９０年にはふたつのピークがあります。ひとつは40歳前後で、第一次ベビーブームと呼ばれる１９４７年から１９４９年に生まれた世代です。いわゆる「団塊の世代」です。もうひとつのピークは18歳前後で、第二次ベビーブームと呼ばれる１９７１年から１９７４年に生まれた世代です。いわゆる「団塊ジュニア」です。この団塊ジュニア世代以降、出生数は減少しつづけています。

結果として、２０１６年、２０２５年と暦を重ねるにつれ、そのふたつのピークは上に移動し、足元の若年人口は年々少なくなり、人口ピラミッドはひょうたん型から

日本の人口ピラミッドの変化

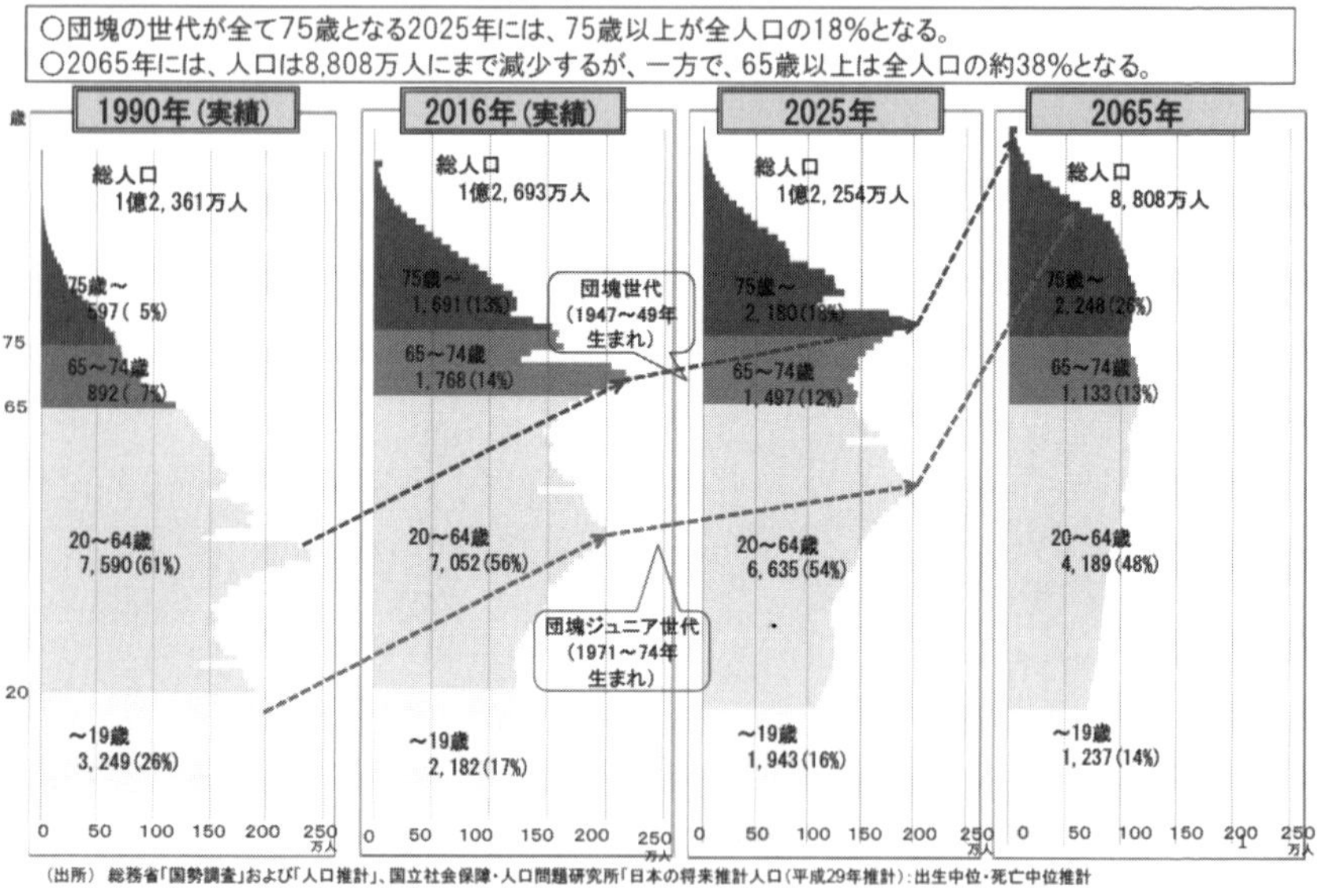

出典：厚生労働省ホームページ
https://www.mhlw.go.jp/stf/seisakunitsuite/bunya/hokabunya/shakaihoshou/kaikaku_1.html

棺桶型に移行します。

一方で、平均寿命は伸びつづけ、結果として65歳以上の人口比率は1990年には12％でしたが、2016年には27％となり、2025年には30％、2065年には39％になると予測されています。国民の39％が65歳以上というのは驚くべき高齢化率です。道を歩いていても、スーパーで買い物をしていても、まわりは高齢者ばかりという時代が来るのです。

1990年には、65歳以上の高齢者1人を20歳から64歳の現役世代5・1人で支えていました。2016年にはその半分以下の2・0人で支えることになり、2025年には1・8人で、2065年には1・2人で支えることになります。とてもではありませんが、支えきれるものではありません。今の年金制度が破綻することは誰の目にも明らかです。

高齢化に伴い、年金、医療、介護といった社会保障の給付費は年々、上昇していま

社会保障給付費の上昇

○　我が国の社会保障制度は、社会保険方式を採りながら、高齢者医療・介護給付費の5割を公費で賄うなど、公費負担（税財源で賄われる負担）に相当程度依存している。

○　その結果、近年、高齢者医療・介護給付費の増に伴い、負担増は公費に集中。これを賄う財源を確保出来ていないため、給付と負担のバランス（社会保障制度の持続可能性）が損なわれ、将来世代に負担を先送りしている（＝財政悪化の要因）。

	平成２年度	平成27年度
被保険者負担	18.5兆円 (28%)	35.4兆円 (29%)
事業主負担	21.0兆円 (32%)	31.6兆円 (26%)
公費	16.2兆円 (25%)	46.1兆円 (37%)
給付費	47.4兆円	114.9兆円

※かっこ書きは全体の財源に占める割合

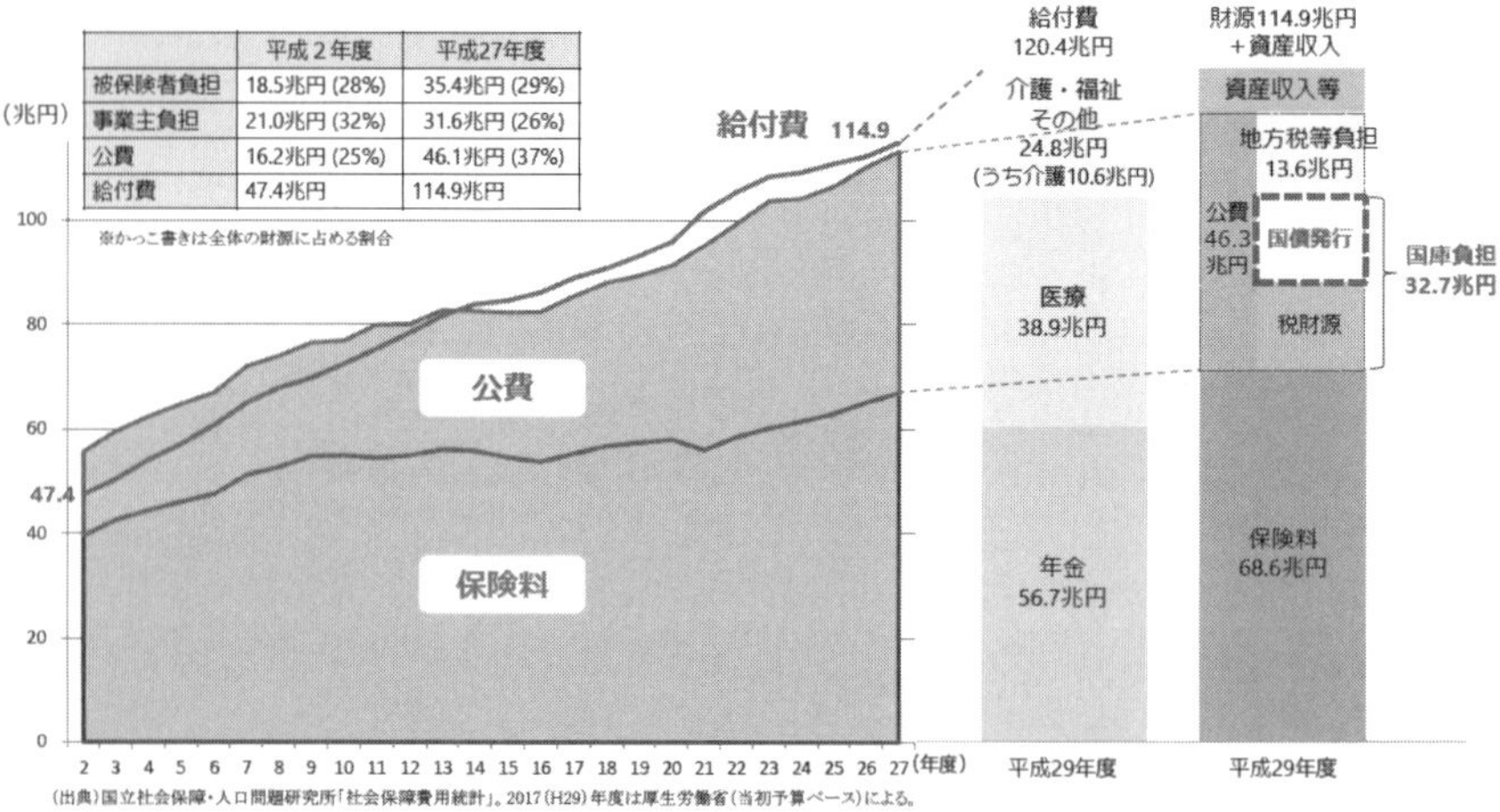

(出典)国立社会保障・人口問題研究所「社会保障費用統計」。2017(H29)年度は厚生労働省(当初予算ベース)による。

出典：「日本の財政を考える」（財務省） https://www.mof.go.jp/zaisei/matome/index.html

す。2017年の社会保障給付費は120・4兆円です。しかし、保険料収入は68・6兆円しかありません。不足分は国庫や地方税等で賄っていますが、国庫においては税収だけでは賄えず、国債発行、つまりは新たな借金で補てんしている状況です。

社会保障給付費の上昇を食い止めなければ、このままでは日本の財政は立ち行かなくなることは明白です。年金も医療も介護も抜本的な制度改革が必要なのです。

議員時代、わたしは医療においては、混合診療の解禁、診療報酬の自由化、病院の株式会社経営解禁、メディカル・ツーリズムの推進、家庭医（患者を最初に診る診療所）と専門病院の分業化、レセプト（診療報酬明細書）の審査基準の明確化と有効活用、医療費の自己負担比率の見直し等を訴えてきました。

介護においては、特別養護老人ホームの設備基準の見直しと入居基準の厳格化、特養以外の介護付き有料老人ホーム・グループホーム等の規制緩和、介護事業者の財務状況のディスクローズ、海外労働者の受け入れ拡大、介護労働者の医療行為の範囲拡大、介護保険料の見直し等を訴えてきました。

年金においては、ベーシックインカム（最低限所得保障）と自己責任原則の視点から、基礎年金は老後の最低生活保障として保険料方式から消費税方式へ切り替え、厚生年金は賦課方式から積立方式への切り替え等を訴えてきました。

しかし、それらの政策提言の多くは、医療系議員、介護系議員や厚生労働省に反対、あるいは黙殺されました。いえ、正確には大半の議員に黙殺されました。なぜなら、わたしの提言は多くの国民に痛みを伴うものであり、医療・介護系の票田はおろか、多くの国民の反発にあい、選挙で勝てなくなるからです。官僚もまた、わたしの提言を認めることは、これまでの社会保障行政の過ちを認めることになるので、黙殺しました。

企業経営もそうですが、大きな変化が必要なとき、その答えはたいがい、現状の延長線上にはありません。現状肯定ではなく、現状否定から思考することで、新たな答えが見つかるのです。

日本の財政や経済も今、同じ状態です。現状肯定を良しとする大衆迎合の政治から脱却できないかぎり、日本の財政や経済が抜本的に改善することはもはやあり得ないでしょう。

年金崩壊 ～老後に必要なのは6000万円？～

2019年の参議院選挙を目前に、突如、年金2000万円問題が噴出しました。金融庁の金融審議会・市場ワーキング・グループが、人生100年時代に向け、老後に必要な蓄えに関する報告書「高齢社会における資産形成・管理」を発表したのです。そしてそこには、「夫65歳以上、妻60歳以上の夫婦のみの無職の世帯では毎月の不足額の平均は約5万円であり、まだ20～30年の人生があるとすれば、不足額の総額は単純計算で1300万円～2000万円になる」と書かれていたのです。

この「2000万円不足」の部分が独り歩きし、マスコミや野党が大騒ぎします。麻生金融担当大臣はこの報告書を受け取らない考えを表明し、報告書は事実上、撤回されました。さらに、自民党の国会対策委員長が「この報告書はもうなくなっている」と発言し、野党は「年金制度の〝100年安心〟が嘘だった」「隠ぺいしようとしている」と政権批判、与党批判を強めました。

不足する資産

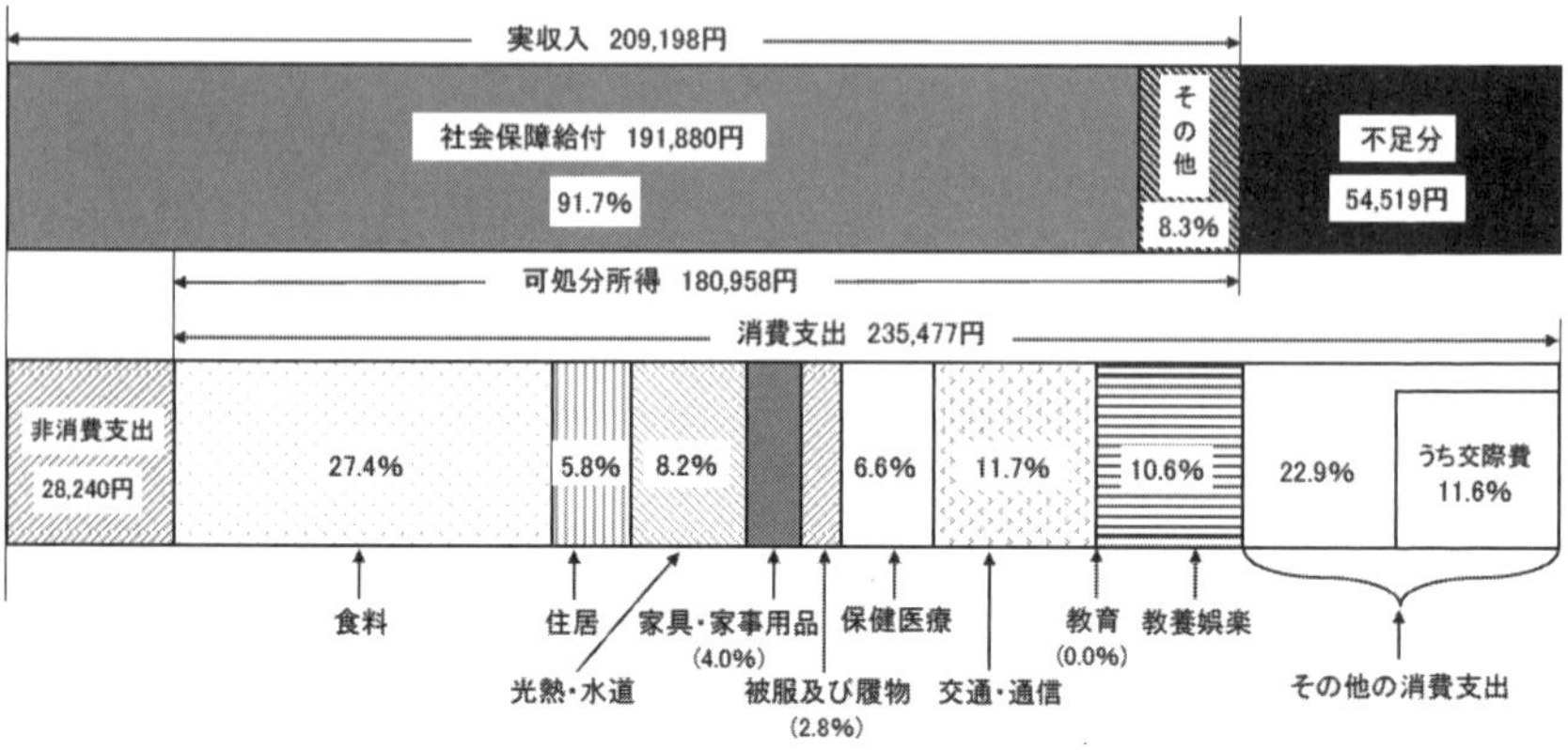

出典：金融庁「高齢社会における資産形成・管理」
https://www.fsa.go.jp/singi/singi_kinyu/tosin/20190603.html

では、この報告書の「毎月の不足額の平均は約5万円」についてくわしく見ていきましょう。モデル世帯は「夫65歳以上、妻60歳以上の夫婦のみの無職の世帯」です。この夫婦の支出は、非消費支出が2万8240円、消費支出が23万5477円です。非消費支出とは聞きなれない言葉ですが、直接税や社会保険料等、消費を目的としない支出のことをさします。非消費支出と消費支出を合計すると、26万３７１７円です。ところが実収入は20万９１９８円しかありません。その差額の約５万円が足りないということなのです。年換算で約65万円の不足、あと30年生きるとすると、約２０００万円の不足、ということになります。

しかし、この実収入の20万９１９８円のうち、19万１８８０円が年金等の社会保障給付費です。19万１８８０円というのは、夫・妻のいずれか、またはその両方が厚生年金に加入していた世帯の年金給付額です。もし、夫婦ともに国民年金しか加入していなかった場合、年金給付は約13万円しかありません。そうすると、毎月の不足額は約12万円となります。年間の不足額は約１４０万円、30年換算すると約４２００万円足りないことになります。

また、支出のうち、住居に関する支出は５・８％で、金額にすると１万３６５８円です。もし、賃貸マンションやアパートに住んでいた場合は、家賃の支出がもっと多くなるので、生涯の不足金額はさらに大きくなります。

しかも、社会保障給付費として19万１８８０円が給付されている世帯ですら、不足金額は2000万円ではすまない可能性もあります。それは、インフレです。アルゼンチンのインフレについて前述しました。もし、日本がアルゼンチンと同じような状況に陥ると、物価は約3倍となります。しかし、今の年金制度は原則としてインフレを加味する制度でありながら、マクロ経済スライドという総給付額を抑える仕組みを採用しているのです。物価が3倍なのに、年金給付が増えないとすれば、それはつまり、足りないのは2000万円ではなく6000万円ということになります。

野党は「年金の100年安心は嘘だった」と大騒ぎしましたが、100年安心とは年金制度そのものが持続可能だと言っているだけであり、国民の生活が安心ということではありません。そのようなことは年金制度を勉強すれば最初からわかることであり、ではどうすればよいのかという対案を示せない野党も同罪です。

金融庁の金融審議会の報告書は、老後に必要な蓄えについてレポートしたにすぎません。年金制度の是非について言及されたものではないのに、政争の具とされてしまい、挙句の果てに、なかったものとされてしまいました。このレポートが本質的に述べたかったことは、「年金で足りない分は自ら貯蓄しなければならない。自己防衛しなければならない」ということです。金融審議会の報告書もまた、ひとつの大きな〝警鐘〟を鳴らしているのです。

わたしのラジオ番組の企画で、「マクロ経済スライドについて知っていますか」というアンケートを新橋駅前でおこなったところ、知っていると答えたのは50人中1人でした。しかもその1人は金融職でした。一般の国民は、年金制度についてほとんどその詳細を知りません。それはつまり、将来のリスクについて正しく把握していないことになります。

企業も個人も、政治に関心を持ち、この国の将来の行く末を予測し、自らのリスクを正しく把握して、自己防衛しなければなりません。

アベノミクスは失敗

2012年、第二次安倍政権が発足し、アベノミクスと呼ばれる新たな経済政策が発動されました。アベノミクスは、3本の矢から成り立っていました。第1の矢は「大胆な金融政策」です。2%のインフレ目標を掲げ、異次元の量的緩和に踏みきりました。第2の矢は「機動的な財政政策」です。国土強靱化という名の大規模な公共投資です。第3の矢は「民間投資を喚起する成長戦略」です。規制緩和を推進し、民間の成長を後押ししようというものでした。

結論から申し上げれば、このアベノミクスは失敗したと断言できます。実質2%、名目3%の経済成長を公約に掲げていましたが、経済成長率は1%前後で低迷したままです。円安に誘導したものの、海外への輸出は伸びていません。リーマンショックや中国の台頭等により、日本から海外への生産移転が進んでおり、日本国内にはすでに輸出を増やすだけの製造余力がなかったのです。

アベノミクスの成果として就業者の増加がうたわれていますが、確かに就業者数は増えているものの、それはアルバイトやパートタイマーといった短時間労働者が増えただけであって、のべ就業時間は伸びておらず、実際の雇用は低迷していると言えます。

国民1人当たりGDPも、OECD加盟国35ヵ国中、日本は17〜18位で低迷しています。労働生産性に至っては、OECD加盟国35ヵ国中、日本は21位でした。日本の労働生産性は米国の3分の2にすぎず、サービス業に至っては米国の2分の1です。

大企業の営業利益は確かに伸びましたが、一方で、中小企業の経営は厳しさを増しています。円安で自動車や電機メーカー等の輸出産業の利益率は大きく伸びました。一方で、海外から原材料や部品を調達して加工や組み立てをし、自動車メーカーや電機メーカーに卸している中小企業は、円安による輸入コスト増を卸価格に転嫁できず、営業利益が伸び悩んでいます。実質賃金もまた、伸びていません。

日銀の消費者物価上昇率を2%に引き上げる目標時期は、2013年3月の発表では、2015年3月ごろを目処としていましたが、その後に6回も先送りした挙句に、ついに2018年4月の発表では目標達成時期が削除されてしまいました。

このような状況で「アベノミクスは成功した」といったい誰が言えるというのでし

ょうか。

誤解していただきたくないのですが、わたしは「3本の矢」が間違っていたと言いたいのではありません。3本の矢が発表された当時、それは確かに正しい戦略でした。しかし、アベノミクスは失敗しました。その原因はわかっています。第1の矢、第2の矢を射ちつづけているなかで、第3の矢である「民間投資を喚起する成長戦略」を実現できなかったことが最大の原因です。

それについては、「第3の矢を実現することこそが民間の経営者出身である自分の責務である」との信念で参議院議員にならせていただいたわたしとしても、断腸の思いです。

しかし、言い訳をするわけではありませんが、さまざまな業界団体、さまざまな族議員等、官僚も含めた既得権益集団に何を提言しても阻まれました。

自民党内の会議でも、農協のトップには「渡邉さんは協同組合の意味をご存じでないらしい」と痛罵され、東日本大震災の補償で実質的に債務超過に陥っていた東京電力が自民党議員のパーティー券を大量に買っていることはおかしいと述べたところ、「比例の1年生議員が何を言うか」とマイクの大音量で罵倒されました。

廃棄物の処理に関して国会で提言したら、所管の官僚に「検討するつもりはありません」と一顧だにされませんでした。官僚の答弁で「検討させていただきます」という言葉は「何もしない」と言っているに等しいのですが、その「検討します」という言葉すらありませんでした。これには苦笑するしかありませんでした。

クールジャパン推進のため、一緒にやりませんかと某商工会議所に相談したところ、その会頭から「渡邉先生に会うつもりはありません」との回答でした。わたしが常々、商工会議所や商工会の抜本的見直しを主張していることを、この会頭は快く思っていなかったのでしょう。

農業の発展、電力自由化、廃棄物削減、中小企業支援体制の強化等、いずれもアベノミクス第3の矢を実現するための真剣な提言であったにもかかわらず、既得権者に完全に無視・抹殺されたのです。これでは、第3の矢が成功するわけもありません。

出口なき日銀の量的緩和

第3の矢が遅々として進まない中、第1の矢である異次元の量的緩和は粛々と継続されていました。日銀は黒田総裁の宣言どおり、年間80兆円ペースで国債を買いつづけたのです。そして気づけば、日銀の総資産は2019年7月20日時点で567兆円にまで膨れ上がったのです。総資産のうち、国債は478・8兆円です。じつに、総資産の84％が国債で占められています。2012年3月の日銀の国債残高は86兆円です。この7年間に、どれだけ異常な量の国債を日銀が買いづづけたかは、左ページのグラフを見れば一目瞭然でしょう。

しかし、日銀が国債の購入をやめれば、国債の信用は下落し、金利が一気に上昇しかねません。金利が上昇すれば、政府の利払い費は一気に増え、日本の財政はもちません。ですから日銀は国債の購入を止めることができずにいます。

本来、中央銀行による国債引受けは「財政ファイナンス」と呼ばれ、禁じ手とされています。禁じ手と呼ばれる理由は、日銀のホームページにある「教えて！ にちぎ

日本銀行の資産、国債とマネタリーベースの推移

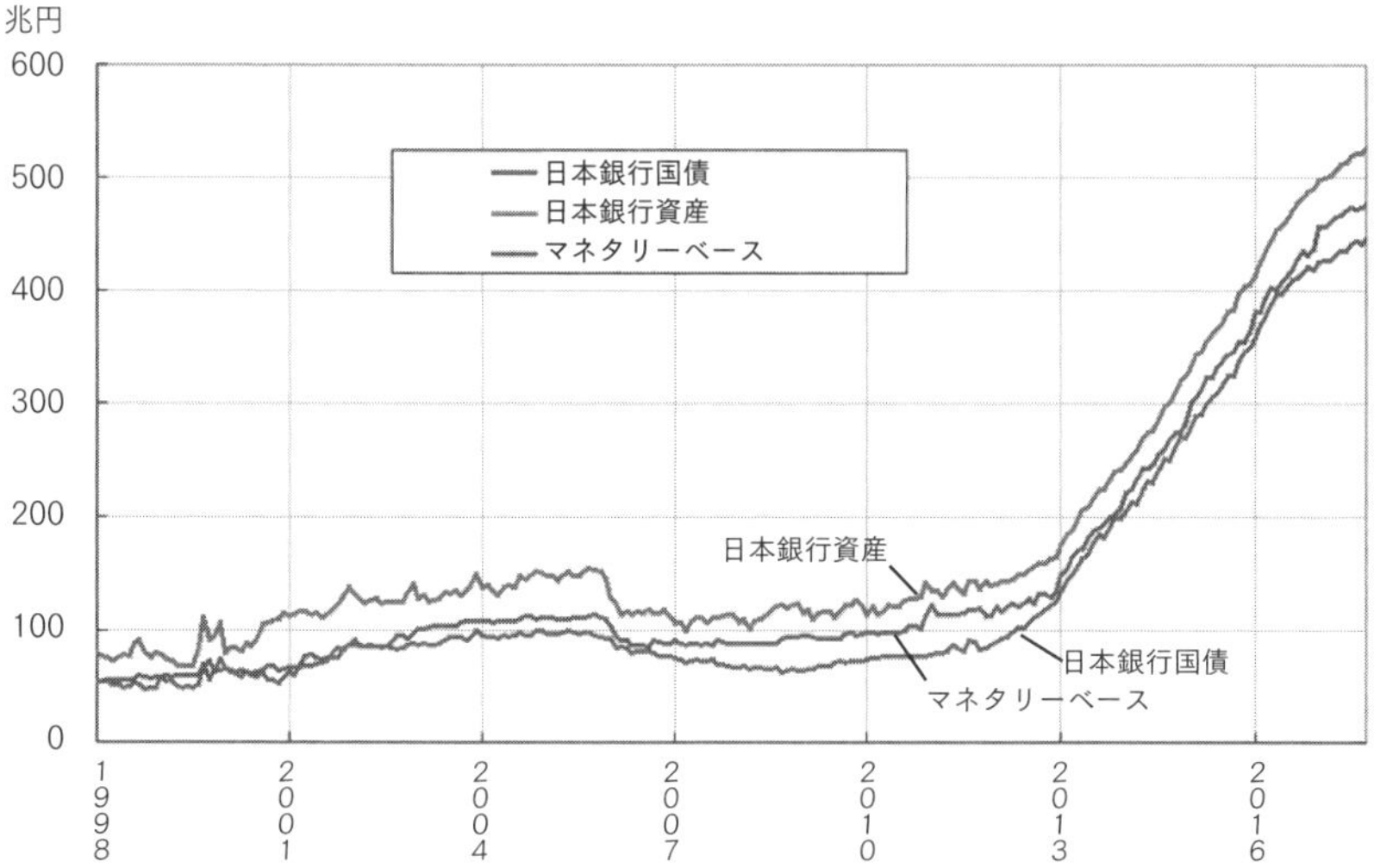

日本銀行ホームページ「マネタリーベース時系列データ」「営業毎旬報告」より筆者作成

ん」というコーナーで、「日本銀行が国債の引受けを行わないのはなぜですか？」という質問にしっかり回答されています。その回答をそのまま引用しましょう。

「日本銀行における国債の引受けは、財政法第5条により、原則として禁止されています。（中略）これは、中央銀行がいったん国債の引受けによって政府への資金供与を始めると、その国の政府の財政節度を失わせ、ひいては中央銀行通貨の増発に歯止めが掛からなくなり、悪性のインフレーションを引き起こすおそれがあるからです。そうなると、その国の通貨や経済運営そのものに対する国内外からの信頼も失われてしまいます。これは長い歴史から得られた貴重な経験であり、わが国だけでなく先進各国で中央銀行による国債引受けが制度的に禁止されているのもこのためです」

まったく悪い冗談としか思えません。実質的に日銀は国債引受けをしているのに、ホームページ上では「通貨の増発に歯止めが掛からなくなり、悪性のインフレーションを引き起こすおそれがある」と自ら述べているのです。

そして、日銀の国債保有はもはや、日本のGDP並みに膨れ上がってきています。日銀は中央銀行による国債の保有はその国のGDP相当分が限界と言われています。日銀はいつまでもこのまま国債を買いつづけるわけにはいかないのです。

日銀による事実上の国債の買い入れに多くの有識者が警鐘を鳴らしていますが、一方で一部の経済学者から、「まったく問題ない」という声が聞こえてきます。その理由は、「政府と中央銀行のバランスシートを統合すると、国債が相殺され、国の借金はなくなる」という考え方です。決して少なくない国会議員がこの理論に同調し、

総合政府

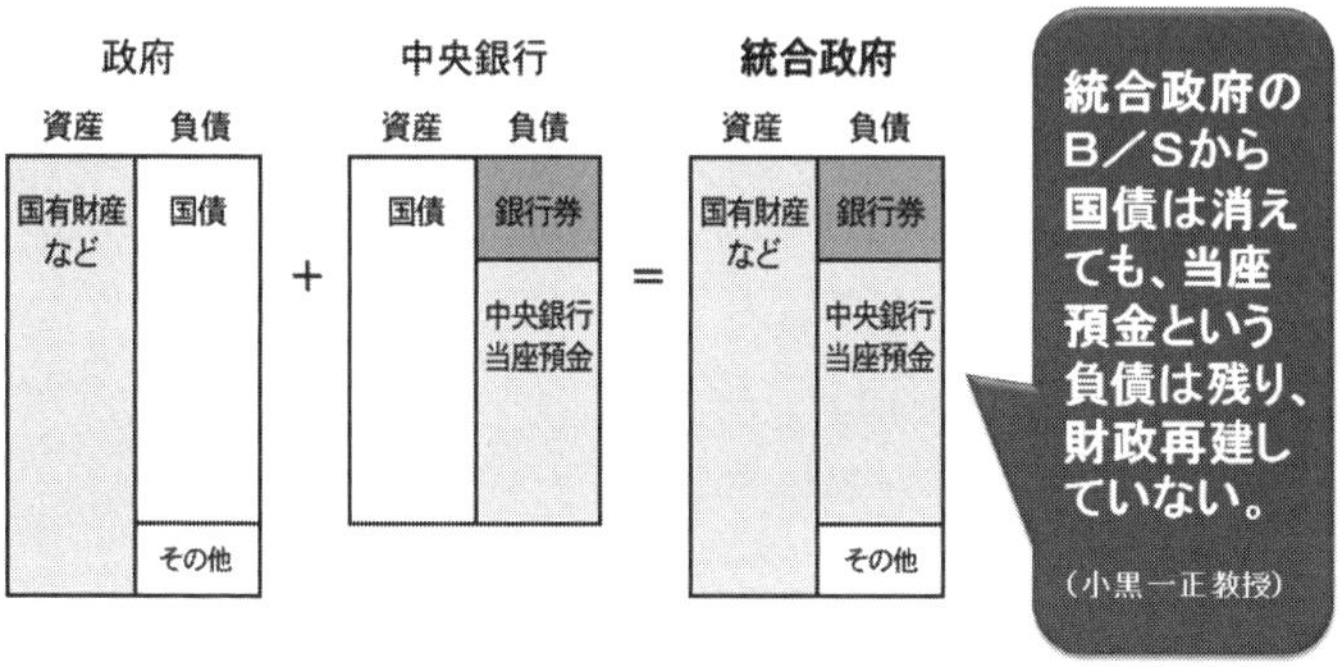

小黒一正『預金封鎖に備えよ マイナス金利の先にある危機』（朝日新聞出版 2016.6）より

「もっと国債を発行して公共投資を増やせ」と叫んでいます。

こんなバカな話があるでしょうか。それが論理的に成り立つなら、政府はいくら借金してもかまわない、ということになります。しかし、それに対しては、わたしのラジオにも出演していただいた前掲の小黒一正氏が明確に否定しています。

政府と中央銀行のバランスシートを統合すると、確かに国債は消えたように見えます。しかし、統合バランスシートには、中央銀行が民間銀行から国債を引き受けた際に発生した中央銀行当座預金という負債が残るのです。この当座預金の金利からは逃げられません。いくら借金しても、その借金は消えてしまうといった打ち出の小槌等あるわけがないのです。

日銀は、国債保有とともに、もうひとつ大きな爆弾を抱えています。それは、株式の保有です。2019年4月16日の日本経済新聞には、「日銀、日本株の最大株主に来年末にも公的年金上回る」というタイトルの記事が出ました。その記事によると、日銀は日本株に投資する上場投資信託（ETF）を年間約6兆円購入しており、日銀の保有残高（時価ベース）は3月末時点で28兆円強となったとのことです。それは東証一部の時価総額の4・7%に相当し、日東電工やファナック、オムロン等23社で筆頭株主になり、上位10位以内の株主を指す「大株主」基準では3月末時点で、上場企業の49・7%と半数で日銀が大株主となった、とのことです。

日銀による大量の株式保有に対しては当然、国内外から批判の声が多数上がっています。経済協力開発機構（OECD）は日銀のETF買い入れについて「市場の規律を損ないつつある」として懸念を示しました。今の日本の株価は、日銀によって5000円は上乗せされている、という声もあります。

日銀がETFの購入をストップしただけで、市場は大混乱に陥るでしょう。保有株式の売りに転じれば、その影響は計り知れません。日経平均株価は一気に下落するでしょう。

つまり日銀は、国債の購入も、ETFの購入も、ストップすることができないのです。買いつづけることはできないが、やめることもできない。マスコミ各紙や書籍に「そろそろ日銀の出口戦略を」「日銀の出口戦略が見えない」といった見出しが躍るゆえんです。

議員生活も終盤に差し掛かり、わたしが第3の矢に貢献することが難しいと判断した時点で、わたしは国会議員としての責務を果たすために、この国の財政の現状を白日の下にさらし、日銀の出口戦略の糸口だけでも明確にしたいとの思いから、自民党の財政金融部会のメンバー入りを希望し、部会長代理を拝命しました。

早速わたしは、財政金融部会で日銀の出口戦略を検討するためのプロジェクトチーム発足について提案しました。またいつものように野次が飛ぶことも覚悟したのですが、複数の先生方から「そうだ！」「異議なし！」「やるべきだ！」との賛同をいただきました。

そして、当時の部会長からも「やりましょう」との賛同をいただきました。

しかしその後、いっさい、部会長から連絡がありません。わたしは、部会長に対して電話、メールをしつづけましたが、回答はありません。ついには、秘書を通じて部会長本人に手紙まで渡しました。ようやく「忙しいので、落ち着いたら動きます」との言質をとりましたが、落ち着いたころに再度連絡を試みたところ、ついには、完全に返信すら来なくなりました。

この部会長には、自民党の上層部から「余計なことをするな」という圧力がかかったのでしょう。できないなら「できません」と、最低限のマナーとして連絡くらいしてほしかったと思います。一度「やりましょう」と約束をしたのに、連絡すらないというのは、議員以前に、人としてあまりにマナーの欠如した対応であり、残念でなりません。

わたしとしては、政治家として最後の勝負に出たつもりだったのですが、またもや空回りして、むなしさばかりが残りました。

未来への責任を放棄した政治

2012年6月、民主党政権は自民、公明との3党合意に基づき、消費税を2014年4月に8％、2015年10月に10％に引き上げる法律を成立させました。そして、民主党から自民党への政権交代を経て、2014年4月に予定どおり消費税は8％に増税されました。ところが、自民党政権は10％への再増税を2015年10月から2017年4月に先送りし、さらに2017年4月から2019年10月へ再延期したのです。じつに2回の延期を経て、2019年10月に消費税はようやく10％になりした。再度の延期もあり得るとの噂が永田町ではまことしやかに流れていました。もし、日本政府が3度目の延期をしたら、日本は国際社会からの信用を失ってしまったことでしょう。

しかし、じつは消費税は10％でも足りません。増えつづける社会保障給付への対応や、財政再建のためには、消費税が10％でも足りないことは国内外の多くの有識者が

付加価値税率（標準税率及び食料品に対する適用税率）の国際比較

（2019年1月現在）

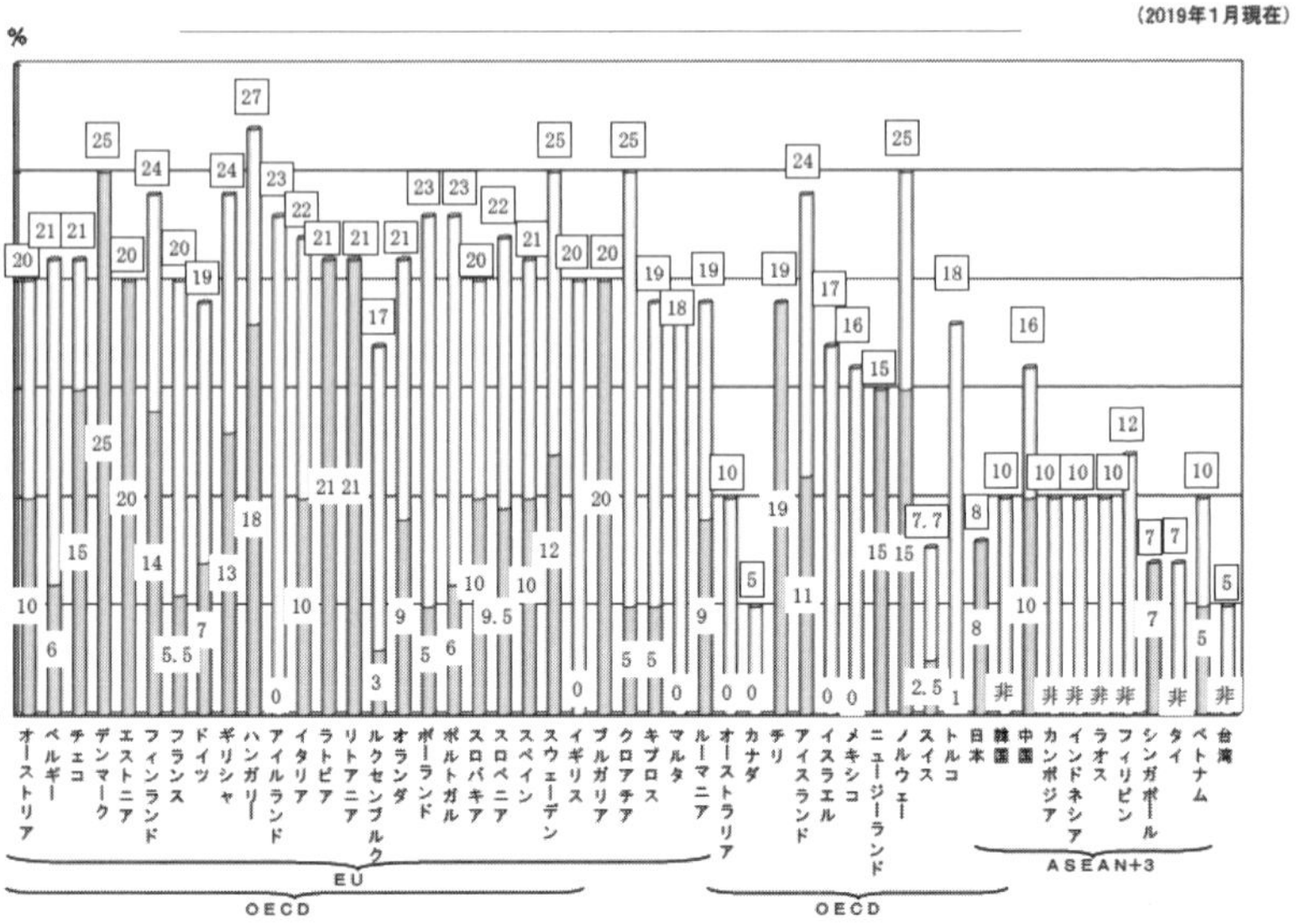

出典：「日本の財政を考える」（財務省） https://www.mof.go.jp/zaisei/matome/index.html

明言しています。ある米国の学者は、財政再建のためには消費税は60%必要と試算しました。60%の妥当性はともかく、わたしは消費税は20%くらいにまで段階的に引き上げていく必要があると思っています。実際、EU各国の消費税に該当する付加価値税は、概ね20%を超えています。

それにもかかわらず、安倍首相は参議院選挙を前に「安倍政権で消費税をこれ以上引き上げるとはまったく考えていない。今後10年間ぐらいのあいだは上げる必要はないと思う」と明言しました。選挙を目前に控えた大衆迎合の発言です。

消費税が1％上がると、国の税収はおおよそ2・4兆円増えます。ですから、8％から10％へ2％税率が上がると4・8兆円の増収となります。この増収分は、「社会保障と税の一体改革」の一環として、社会保障の充実・安定化と財政健全化に使うとされていました。しかし、いつのまにか増収分のうちの1・7兆円を「人づくり革命」と呼ばれる教育無償化等の少子化対策に充当することになりました。具体的には、幼児教育の無償化、高等教育の無償化等に充てられます。

これは明らかに間違っています。保育園や幼稚園が無償化されたら、幼児のいる世帯はうれしいでしょう。大学の授業料が無償になったら、これから大学進学を控える子を持つ保護者はうれしいでしょう。でも、こんなにも多額の借金を抱え、プライマリーバランスの黒字化さえ実現できない今、そんな大衆迎合のバラマキ政策をしている余裕はないはずです。なぜならそのようなバラマキは、次世代の若者に負担を先送りしていることにほかなりません。

2019年夏の参議院選挙の各党のマニフェストや公約を見て、わたしは唖然としました。バラマキのオンパレードです。まるで、おじいちゃんおばあちゃんが孫に「あれも買ってあげるよ。これも買ってあげるよ」と言っているかのようです。

ある党の公約パンフレットには、消費税増税の中止、最低賃金引き上げ、介護・保育労働者の月5万円の賃上げ、国保料（税）の引き下げ、就学前児童の医療費無料化、低年金の底上げ、低所得世帯の介護保険料の軽減、削られた生活保護を元に戻す、障害者福祉・医療の無料化、大学・専門学校の授業料半減、70万人に給付奨学金を支給、すべての奨学金の無利子化、私立高校授業料の無償化、学校給食費の無償化、幼児教育・保育の無償化、認可保育所の大幅増設等々が延々と記載されていました。

国民に寄り添っているようで、わたしはむしろ逆に、国民をバカにした政策だと思います。政治はもはや、未来への責任を放棄してしまったと言えるでしょう。

MMT理論を声高に叫ぶ愚

最近、「MMT理論」なるものが新聞紙上をにぎわしています。わたしにもラジオやSNS、講演でMMT理論に関する質問が多く寄せられます。

MMT理論とは、Modern Monetary Theoryの略で、現代貨幣理論とも呼ばれています。提唱者は、ニューヨーク州立大のステファニー・ケルトン教授です。

MMT理論とは、「中央銀行を持ち、自国通貨で借金する国は、破産することはなく、高インフレを招かないかぎり、支出のしすぎを心配する必要はない」というものです。だから、財政赤字の拡大や債務残高を考慮せずに、景気安定化のためにどんどん財政出動するべき、というものです。財政規律はインフレ率のみで、インフレ率が高くなりすぎたときは、財政赤字の拡大を止めればインフレは止まる、という考え方です。

このMMT理論に一部の日本の経済学者や国会議員が同調しています。某議員は、「財務省の官僚は経済学を勉強しているかもしれないが、現実に起こっていることを理解していない。財務省は民間貯蓄が国債をファイナンスしていると主張するが、明らかな間違いだ。天動説だ。政府の借金は国民の資産だ。財政赤字を恐れるな。財政至上主義は利己主義だ。十分に財政出動ができていない。緊縮財政がむしろデフレをつくって財政を悪化させている」と、MMT理論を引用しながら、財政支出の拡大を求めています。

なんとも都合の良い理論です。しかし、この理論にはふたつの問題があります。ひとつは、変動為替相場制では、自国の通貨は外国為替市場における需給関係の影響を受けるということです。際限なく財政赤字を拡大し、政府債務を増加させれば、政府や中央銀行への信認が損なわれます。いったん崩れると、価格の下落や輸入物価の上昇を通じ、深刻なインフレと経済の大混乱が発生し、日本経済全体に悪影響を及ぼします。この問題について、財務省の資料を引用しつつ説明しましょう（「わが国財政の現状等について」平成31年4月17日発表）。

ハーバード大学の経済学者であるケネス・ロゴフ氏は、「投資家が国債を保有したがらなくなったら、その通貨についても所有しようとは思わないだろう。その国が通貨を投げ売りすれば、その結果はインフレだ」と断言しています。また、元FRB議長のアラン・グリーンスパン氏は、「MMTが実施されれば、外国為替市場は閉鎖しなければならない。どうやって為替交換すればいいのか」と問題提起しています。

ふたつ目の問題は、インフレは止められない、ということです。MMT理論では、インフレになりすぎたら財政出動をやめればいいと言います。しかし、一度スイッチが入ってしまったインフレを途中でやめることは至難の業です。MMT理論では、どうやって止めるのかについての対策は曖昧なものばかりです。IMFチーフエコノミストのギータ・ゴピナート氏は「多くの国が貨幣発行によって財政赤字の穴埋めに努めてきたが、インフレを制御できなくなり、投資や成長の落ちこみという結果に終わるのが通常のケースであることが過去の事例で明らかだ」と警鐘を鳴らしています。

元米国財務長官のローセンス・サマーズ氏は「政府は通貨発行により赤字をゼロコスト（金利なし）で調達できるとしているが、実際は政府は利子を払っている。全体の貨幣流通量を政府によってコントロールできるものではない」としています。

米国資産運用会社ブラックロックCEOのラリー・フィンク氏は、「財政赤字は金利をずっと高く、持続不可能な水準に押し上げる可能性がある。財政赤字が害をもたらすとわかるまでは借り入れをつづけられるという理論は、子どもの素行が悪くてもずっとそれを見ているだけで、手が付けられなくなるまで放っておくことと同じ」と、皮肉の効いた比喩でMMT理論の愚を表現しています。

縮小する日本経済から活路を見いだす

「経済再生なくして財政健全化なし」は、政府の2015年の『骨太の方針（経済財政運営と改革の基本方針）』のスローガンであり、現在も政府の経済財政運営の基本方針となっています。これは正しいでしょうか。企業経営に置き換えると、「売上増加なくして黒字化達成なし」となります。一見、正しいように思えますが、利益＝売上－経費なのですから、黒字化のためには①売上増加、②経費削減のいずれか、またはその両方が必要です。

優秀な企業経営者であれば、①売上増加と②経費削減の両面からスピーディに複数の手を考えます。とくに、経費を限界まで切り詰めて、損益分岐点を可能なかぎり下げることはとても重要です。売上が伸びなくても、利益を生み出せる体質にならなければ、利益率は低いままとなり、売上が増加しても十分な利益を生み出すことはできません。お家芸と呼ばれる「乾いた雑巾をさらに絞る」コスト削減への取り組みがあるからこそ、トヨタ自動車は2兆円近い純利益を生み出すことができるのです。

経費削減はまずはじめに検討しなければならないのです。企業の場合はとくに、本社も含めた間接部門の経費を見張る必要があります。なぜなら、間接部門は自己増殖するからです。自らの存在意義のために仕事（経費）を増やしていく傾向があります。ですからわたしは3年に一度は本部組織を抜本的に見直すことにしています。

まったく同じことが行政にも言えます。日本の行政の本社である霞が関の人たちは、自己増殖し、必要のない事業に大きな予算を費やしています。財政再建のためには、経済成長だけでなく、各省庁予算の抜本的な削減を断行しなければなりません。

一方で、売上を伸ばす、つまり経済成長も必要です。では、どうしたら経済成長できるのでしょうか。それがじつは難しいのです。経済の規模を表す国内総生産（GDP）は、次の方程式で表されます。

GDP＝労働力人口×1人当たりの生産性

つまり、GDPを増やすためには労働力人口を増やすか、または1人当たりの生産性を高めるしかありません。しかし、日本の労働力人口はこれから減少しつづけます。

2017年に15〜65歳の人口は7578万人でした。しかし、50年後の2067年には、15〜65歳の人口は4529万人になると試算されています。50年で40％も減ってしまうのです。

労働力人口を維持しようとしたら、大量の移民を呼びこむか、出生率を2・1以上にする必要があります。しかし、どちらも現実的ではありません。外国人労働者の受け入れを増やしつつ、出生率をなんとか1・8に近づけていく。それによって人口減少のペースを少しでも緩やかにしていくことが、現実的な落としどころとなるでしょう。

ですから、政府としてできるのは人口減少を前提に、生産性を高めていくことです。2019年7月の参議院選挙における各党のマニフェストや政策集には、「生産性革命」「AI・IoT活用」「イノベーション創出」等の耳あたりの良い言葉が並んでいました。しかし、クールジャパンもそうですが、政府や行政が経済に下手に手を突っこむとたいていはうまくいきません。「民間でできることは民間で」「小さな政府」を

少子高齢化と労働者人口の推移

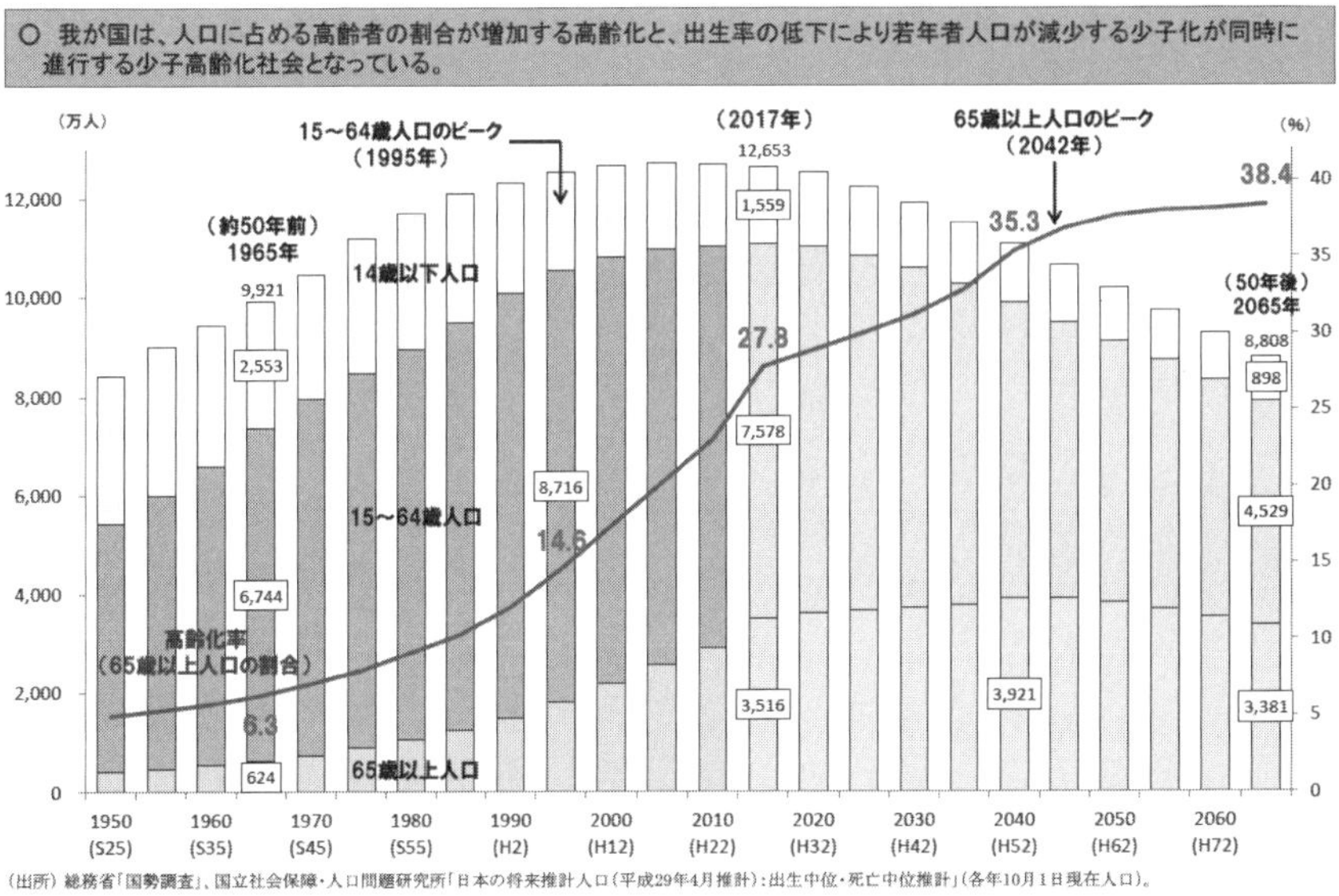

出典：「日本の財政を考える」（財務省） https://www.mof.go.jp/zaisei/matome/index.html

大前提として、「労働力人口増」「1人当たりの生産性の向上」に取り組むべきだと思います。

中小企業の経営者は、自社の損益分岐点を下げること、そして、自社の生産性をどこまで高めることができるかに注力しなければなりません。同時に、わたしたちは日本の人口が減少することを前提に、将来に対して備えなければなりません。そのために取りうる選択肢は次の3つです。

①日本のものを世界に売る

②世界に打って出る

③世界から人を呼びこむ

日本の人口はこれからも減少していきますが、世界の人口は逆です。2019年現在、77億人いる世界の人口は、2050年には97億人になると予測されています。この人口増加の原動力は、アフリカとアジアです。

とくに、アジアではこれから中間所得層が爆発的に増加すると言われています。わたしは現在、カンボジアやバングラデシュで教育支援活動をしていますが、「アジア最貧国」と呼ばれるこれらの国々では、渡航するたびに新しいビルができ、首都では高級車が走りまわり、すさまじい勢いで経済発展を成し遂げています。こうした国々の低所得者層が中間所得層になっていく。そこにビジネスチャンスがあるのです。

前述したように、アルゼンチン同様に、日本も円安になっていくと考えています。それであれば、日本のものをアジアやアフリカの中間所得層をターゲットに輸出していくことができます。

たとえば、わたしは議員時代に日本・メコン地域諸国友好議員連盟を立ち上げまし

世界の人口推移

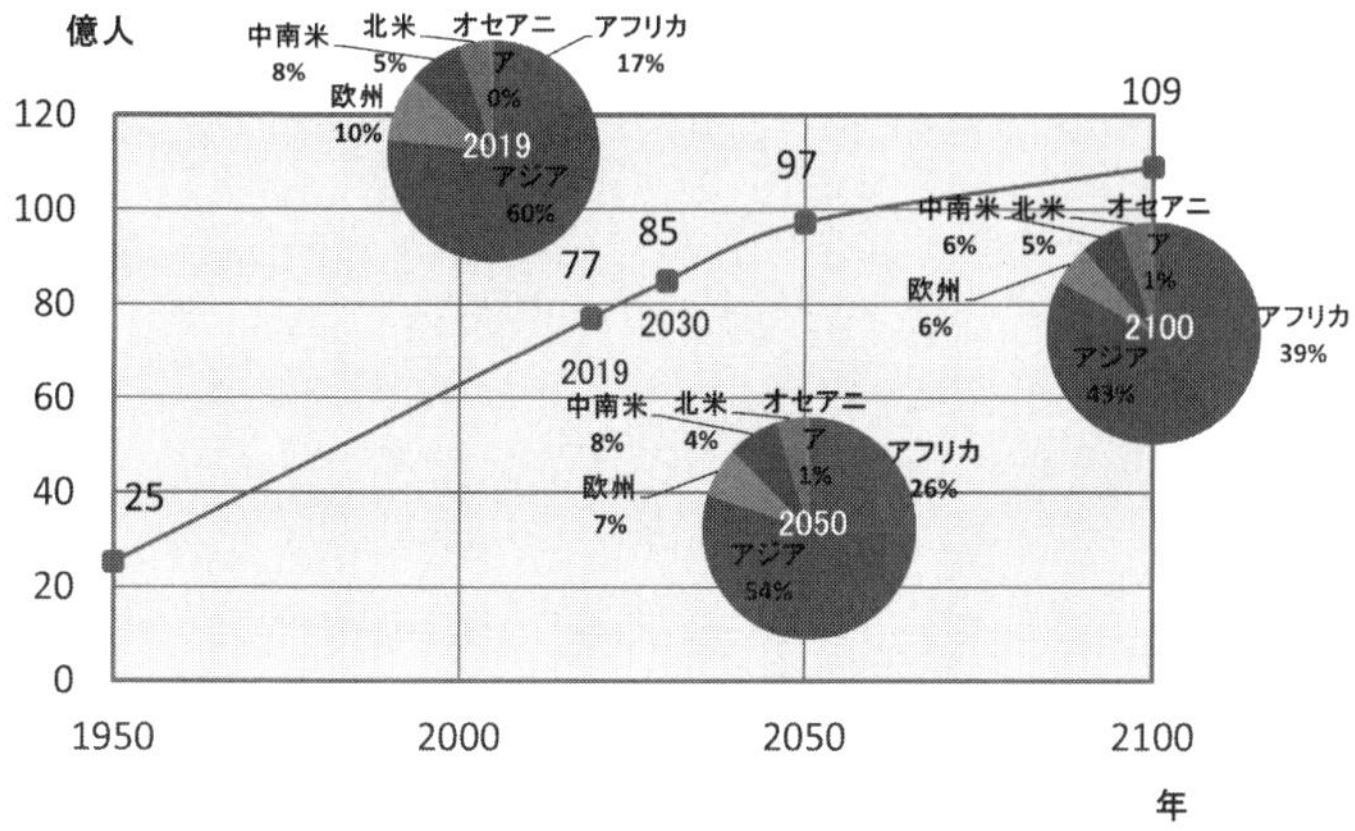

た。この議連のメンバーでラオスを視察したのですが、富裕層向けのマーケットでは1パック3500円の日本産の苺が飛ぶように売れていました。購入しているのは、必ずしも富裕層とはかぎりません。ラオスは人口密度が低く、農業従事者が多く、一族で一緒に暮らす文化が色濃く残っています。そのため、持家率が高くて家賃はかからず、農業で自給自足しているため食費もあまりかからないことから、可処分所得は決して低くはありません。

　そんな農家の人たちが、「たまにはおいしいものを買おう」といって、高級スーパーで日本産の苺を買っているのです。

輸出以外の選択肢もあります。それが、アジアやアフリカ等これから成長が見込めるマーケットに自ら進出することです。日本の人口が減少し、アジアやアフリカの人口が増加するなら、それは当然の選択肢になります。ワタミでも、中長期的には国内外食と海外外食の売上比率は同等になると見込んでいます。

そして、海外から人を呼びこむ選択肢もあります。日本への観光客数は想定を上回るペースで増えつづけ、今や年間2000万人を超えました。2000万人の達成は政府の当初目標であった2020年を大幅に前倒しして2015年にほぼ達成し、政府は目標を2020年に4000万人に上方修正しました。さらに2030年の目標を6000万人としました。円安は、さらにこうした動きを加速させることでしょう。このようなインバウンド需要をターゲットにした企業もたくさん生まれています。

政府の動きを見据えた新たなビジネスについてひとつ紹介しましょう。出入国管理法（入管法）の改正が、2019年4月に施行されました。これにより、これまでは技能実習生や高度専門職等に限られていた外国人労働者の受け入れ枠が大幅に増大しました。14の産業分野で「特定技能」と呼ばれる外国人労働者を受け入れることが可能になったのです。5年間での受け入れ見込み人数は35万人です。

この法改正を踏まえ、ワタミグループはITグローバル株式会社と合弁形式により、各国の人材送り出し機関、日本語学校の運営管理をおこなう持株会社をシンガポールに設立するとともに、登録支援機関、外国人向けの総合人材サービスを提供する会社を日本に設立しました。

カンボジアを皮切りに、ベトナム、ネパール、バングラデシュで日本語学校を立ち上げ、各国の人材を日本に送り出します。この事業のポイントは、単なる労働力としての受け入れではない、ということです。これまで、技能実習生として日本で学んでも、母国に戻ったら仕事がなく、学んだこととはまったく別の仕事をしているというのが通例でした。

しかし私たちは、たとえば日本で外食産業を学んだあとに、母国に帰ってフランチャイズとしてレストランを自ら起業できるようなスキームを考えています。日本の労働力不足の解消と同時に、開発途上国での雇用の増加・サービス業のノウハウ取得・

経済発展、そしてワタミにとっては海外フランチャイズ店舗の拡大によるロイヤリティの獲得、日本にとっては海外での日本食ブランドの確立と日本産食材の輸出増加、個人にとっては夢の実現・所得増大等、まさに三方よし、四方よしのビジネスモデルです。

この国の行く末や政府の方針・法改正等にアンテナを張り、時流を読み、変化に対応する。その重要性をご理解いただけたことと思います。「この国はつぶれる」とわたしは考えていますが、「大方向転換」がありこの国はつぶれないかもしれません。この国がつぶれなかったら、つぶれなかったで、それは良いことです。わたしもつぶれることをまったく望んでいません。それぞれの会社が、この章で書かせていただいた「不都合な真実」を前提に自社の損益分岐点を下げ、利益率を上げ、海外を視野に入れたビジネスモデルをつくり上げること。そのことを心から願います。「守り」は最大の「攻撃」につながるからです。

わたしがこの章であげたような危機感を持つにいたったのは、参議院議員の経験があったからです。そして、参議院議員に出馬すると決意したのは、あの震災がきっかけでした。

第2章 出馬

陸前高田は「日本の縮図」

2011年3月11日——

忘れもしない東日本大震災の直後から、わたしは被災地とかかわりつづけてきました。まだ一般車両が東北自動車道を通れなかった震災2日後、バンに乗りこみ、訪れたのが最初でした。

以前からカンボジアやバングラデシュといった開発途上国を支援してきたわたしは、支援する側と現場との乖離を目の当たりにしてきました。想像は現実に追いつけません。現地の人が何に困っているのか？　何を求めているのか？　支援は現場に近ければ近いほどいい。支援でもっとも大切なのは、現場を知ることです。

しかし、この行動がよもや参議院議員選挙の出馬を決める道につながっていようとは、まだ知るよしもありませんでした。

現地入りして真っ先に知ったことは、ひどい水不足です。生きるためにもっとも大切な水が被災地のどこにもないのです。とにかく水をなんとかしなければならない。ワタミの主要取引先であるサントリーにすぐ連絡して水の供給の協力を仰ぐと、すでに支援の準備を始めていたこともあり、迅速に動いてくださいました。

わたしは公益財団法人「スクール・エイド・ジャパン（SAJ）」の目的に被災地支援を加えて、トラック33台を使い、水や食糧288トン分の物資をピストン輸送したのです。

陸前高田とのご縁は、東京都知事選へ出馬した際に支援してくれた全国青年市長会でした。岩手県陸前高田市の戸羽《とば》太《ふとし》市長もその団体に属していて、被害状況を視察に行ったのです。

現地は想像をはるかに上回る被害でした。10人に1人の方が亡くなっていて、生き残った方もほとんどが家を失っていました。街は跡形もなくなっていたのです。

あの状況を目の当たりにすれば、誰もができるかぎりのことをしたいと思うでしょう。そんな折、戸羽市長から「参与を引き受けてもらえませんか？」と打診され、ふたつ返事で快諾しました。２０１１年６月、陸前高田市の参与に就任したのです。

避難所や仮設住宅では、大切な人たちを失いながらも、懸命に立ち上がろうとしている被災者の様子に胸を打たれました。皆さん、命と向き合っていました。死と向き合っていました。

「車屋」という居酒屋を経営していた店主・熊谷栄規《くまがいえいき》さんは、仮設の自宅に招き入れてくれました。

「国会議員ってやつは許せねぇ。このあいだ、ここに来たけど、仮設住宅の前で写真だけ撮って、『おれがなんとかするぞ』って言っただけで、何ひとつ話を聞かないで帰ってった」

店主はそう憤っていました。

「これから何をしたいですか？」

「できれば、もう一度、商売がしたいなぁ」

「もう一回、商売やろうよ」

「いや、無理だよ。家も店も全部流されちゃったから……」

店舗どころか、電気もなければ、ガスも水道もない。希望や意欲は失っていないけれど、どう立ち上がればいいのか、その方法が見えない……。

言葉をかけるだけでなく、実際に被災者の方々の力になるためには、彼らが立ち上がっていくために、参与として何ができるのだろう？

被災地には、日本中から物資が供給されていました。瓦礫処理のボランティアが集まってきていました。引きつづきＳＡＪで支援をつづけるにしても、人々がほんとうに求めているものは何か？　真の復興支援になるものは何か？　そのときに車屋さんの言葉がふと頭をよぎったのです。

ワタミは何より「夢」を大切にしている企業です。社員１人ひとりの夢を実現することで、地球上でもっとも「ありがとう」を集めることをめざして活動しています。ワタミが被災地でいちばんにできることは、被災者の方々の夢の応援ではないか？「ふたたび商売の喜びを味わえるようなイベントをしよう。それがほんとうの復興、街おこしになる」と考えました。

ふたたび仮設住宅に足を運びこのアイデアを話すと、口々に「参加してみたい」と反応は上々です。わたしは構想を練って、イベント開催を市の幹部にプレゼンしました。準備期間はわずか2ヵ月ほどしかありません。

ところが、市の幹部たちは「そんなの無理だよ」「場所がない」とおよび腰。そんななか、戸羽市長は「できるかどうかわからないけど、渡邉さんに賭けてみようよ！」と乗ってくれたのです。そこから一気に動き出しました。

2011年8月末、多くの方々の協力を得て、復興街づくりイベント「街おこし・夢おこし」が開催されました。有名歌手のコンサートあり、花火あり、盆踊りあり。ブースを出した地元のお店の数は75に上りました。

来場者数は2日間で陸前高田市の人口とほぼ同じ2万人弱。東日本大震災の復興イベントとしては、あとにも先にも日本最大級だったといわれています。

出店した地元の布団屋さんでは、布団が飛ぶように売れていました。みんな布団が流されてしまっていたからです。

「街おこし・夢おこし」当日の様子

中華料理屋さんは、このときの売上で鍋を買ったことが商売再開のきっかけになったそうです。ほんの2日間でしたが、たくさんの方々の夢実現の後押しができたと思っています。

震災から5ヵ月して、お店を失った店主と常連客たちは、会うこともなく時を過ごしていました。連絡したくても携帯電話が流されてしまい、電話もできない。あきらめて、お互いに行方が知れないと希望を失っていたのです。

ところが、このイベントで見覚えのある店名を見つけて、半信半疑でその店へ向かってみると……なつかしい顔がそこにあったのです。

「生きていたんだね！」

手を取り合って、涙する店主と常連客。そんなシーンもあちこちで見られました。

お店はものを売るだけの場所じゃない。お金が行き交うだけの場所ではない。人と人との心をつなぐ場所だと、わたし自身が改めて教えてもらいました。

最終日のフィナーレ、夜空に舞う花火を見ながら、多くの参加者が涙していました。

2日間でほんとうに夢を実現できるなんて……。「街おこし・夢おこし」のアイデアを話したときには、誰も現実になるなんて想像すらしていなかったのです。

しかし、イベントの目的は人々が立ち上がるきっかけづくりです。打ち上げ花火で終わらせるわけにはいきません。

わたしは、その後、陸前高田市で中小企業経営者向けの勉強会を定期開催しました。はじめのころは「そんなことを言ったって……」と弱気な人も多かったのですが、わたしは本気で経営相談に乗りつづけました。このときにお会いした経営者には、今では見事に商売を再開している方が数多くいます。

後日談ですが、仮設住宅で出会ったあの居酒屋「車屋」の店主は長くプレハブのような仮店舗で営業していました。しかし、2019年に陸前高田に足を運ぶと、新しいお店をオープンさせていたのです。

さらに、ワタミ自身も雇用の場をつくりました。「ワタミの宅食」のコールセンターを現地に立ち上げて、現在も100名ほどが元気に働いてくれています。

このように、陸前高田市の参与として積極的に活動すればするほど、地方自治体ではどうにも変えられない現実も思い知らされました。震災当時は民主党政権で、被災地救援に対する国の動きがとにかく遅かったのです。

「行政の対応が遅い」

「なぜ仮設住宅がなかなかできないのか?」

「先の見通しが全然立たないじゃないか」

住民の皆さんのいら立ちの声を何度も耳にしました。

わたしも戸羽市長に「なぜまだ復興計画ができないのか?」「なんで早く復興住宅を建てないのか?」と疑問をぶつけたものです。

「そうしたいんだけど……」

「やればいいじゃないですか!」

「いや、国の許可が下りないから……」

そのとき、この国の政治構造を肌で感じました。陸前高田市だけで動けばいいかというと、話はそう簡単ではありませんでした。ネックになっているのは国政だったのです。

経済活動が活発な都市部や原発が立地している自治体等を除いて、多くの地方自治体は財政が豊かではありません。このため、国から支給される地方公共交付金に依存しています。

地方自治体によって差はありますが、自由に使えるお金は、予算全体のうちわずか3％くらい。たとえば、1億円の予算があるとしても、300万円くらいしか自由に使えないのです。残りは国からのひも付きのお金なのです。

財政基盤が脆弱な地方自治体に、震災等の突発的なことが起きたらどうなるでしょうか。ほぼ100％国に依存するしかありません。地方自治体が自分たちの裁量で何かできる余地はほとんどないのです。陸前高田市は、必要な復興作業があっても予算がないから動けない。目の前の困っている人たちに、手を差し伸べることができない状態でした。

わたしは東京都知事選に出馬するにあたって、当然、東京都のことは調べました。財政基盤が充実している東京都は自立しています。自分たちの税収で自分たちの施策を実行できる裁量が大きい。

ところが地方はまるで違いました。まさか地方がここまで国に依存しているという認識はなかったのです。

被災地に繰り返し足を運ぶなかで痛感したのは「陸前高田市は日本の縮図」であるということ。震災が最大級のダメージを与えたのは間違いありません。

しかし、そのずっと前から、少子高齢化や人口減少が深刻化していました。若者が減り、地域の活力が失われ、経済が停滞し、市場の縮小が進むなかでも、国政の構造的に自立できない。じりじりと衰退の一途を辿っていた状況で、震災が起こり、すべての問題が表面化したのです。

国を動かさなければ、被災地の復興は進まない現実に直面し、震災だけではなく、日本復興そのものが国政にかかっているという想いがわたしを突き動かしました。

都知事選に出馬したワケ

わたしは、そもそも「政治家になる」という夢を掲げたことはありませんでした。

父からは「政治家にだけはなるな」と言われていたほどです。

すでに『東京を経営する』（サンマーク出版、2001年）に書いたとおり、東京都知事選に出馬したきっかけは、教育制度への疑問でした。

2006年から2009年まで、神奈川県教育委員会の委員を務めたとき、日本の教育にはおかしな制度があることを知ったのです。

とくに驚いたのが「公私間協議」。これは、公立高校と私立高校がそれぞれ受け入れ人数を調整する協議。こんなことがおこなわれていたなんて、教育委員になるまでは知るよしもありません。ある公私間協議の席で、次のような報告がありました。

「『公立高校はもっと生徒の定員を減らしてほしい。そうしないと、私立高校に来る生徒が減って、経営が悪化してしまう』と私立高校側が主張している」

これを聞いて、驚きあきれました。「このままでは定員が割れてつぶれる私立高校が出てしまうから、公立高校は定員を減らせ」と言っているわけです。

こんなことがまかり通っていたら、経済的な理由で私立に行けず、公立の定員から漏れてしまった子どもたちは行き場を失くします。

教育は子どもたちのものであるべきです。大人の事情で恵まれない子どもたちから教育の機会を奪う権利は一切あってはならないことです。

どの学校を選ぶかは子どもたちの自由。公立だろうが私立だろうが、子どもが自分で行きたいと思える高校に進めばいい。もし私立の生徒が減ってしまうのであれば、高いお金を払っても、子どもたちに選んでもらえる魅力的な高校をつくればいい。大人の都合によって子どもの人生が振り回されてしまうのはおかしい。わたしがそのことを主張しても、教育委員全員が、私立高校側の要求を当然だと思っていたのです。

結局「私立高校側の要求を受け入れて、公立高校の定員を減らす」という議案に反対したのは、わたし1人でした。

こんなことが許されていいのでしょうか。ついには神奈川県知事に直談判に行きました。しかし、教育委員を選ぶ知事ですらどうすることもできませんでした。

「誰もやらないんだったら、自分でやってみせる！」

そんな気持ちで、どうせ挑むのならば、地方行政の雄である都知事になると心に決めました。

「存在対効果」を高めるために

これまでの著作物でも述べているとおり、わたしは人生において自らの「存在対効果」を常に意識していると発信してきました。

存在対効果とは、この世に生を享けて、自分が存在することによって、どれだけ人の幸せにかかわれるかという指標です。

2009年、ワタミの経営は順調すぎるほど順調でした。わたしが細かく指示しなくても成長していける企業になっていたのです。わたしがいなくてもみんなが生き生きと働けるなら、それでいい。ワタミでのわたしの存在対効果は、明らかにかつてより低くなっていました。わたしがいなくても進んでいくなら、いる必要はないとすら思っていたのです。

一方で学校法人「郁文館夢学園」の経営やSAJによる開発途上国の子どもたちの

支援といった活動をもっともっと広げていきたかった。そこで、50歳で経営の第一線から退くと公言しました。会長としてワタミを横から見守りつつ、50歳からは「お金の入らないありがとう集め」をしようと決めて、そのとおりにワタミを後継者に託したのです。

ところが、この承継が大失敗して、ワタミは倒産寸前まで追いこまれてしまいます。このときの危機については次章でくわしく述べていきます。

ワタミを後継者に託したのちに、前述の理由で2011年の都知事選に出馬することになりました。101万人もの方々から票をいただきましたが、残念ながら落選してしまいました。

その後は教育活動に邁進していたところ、都知事選後のご縁で、菅義偉《すがよしひで》・内閣官房長官とお会いする機会がありました。

「アベノミクスを推進するためには、29年間ワタミを経営してきた渡邉さんの経験や知識が必要です。力を貸してくれませんか？」

そのとき、ピンと来たわけです。東日本大震災からの復興を進めるなかで、国を動かさなければならないという思いが高まっていた時期です。

国会議員のなかには「A党の比例区から出馬すると当選しやすい」し、当選しやすさを計算して、政党を選ぶ候補者もいるようです。

しかし、わたしはアベノミクスの第3の矢は良い政策だと考えていましたし、経営の経験を活かして貢献できるという自負がありました。与党であれば、政策を実現できますし、世の中を変えられるという期待感をもっていました。

自民党内では無派閥を貫きました。

「なんで無派閥でいるの？　いろんな情報が入るから、絶対派閥に入ったほうがいいよ」

お誘いは無数にありました。党内での発言力を高めるために、各派閥は1人でも多くの議員が欲しい。だから、わたしのような無派閥の人間はいちばんのターゲットです。いろんな政治家がそうアドバイスしてくれました。しかし、すべて断わりました。

なぜなら、派閥に入る理由がなかったからです。じつは派閥は年功を積み重ねて、ポストを得るための手段にもなっているのです。

大臣や副大臣、政務官になれる人数は限られています。こうしたポストには、各派閥で振り分けが決まっているのです。ポストを狙うなら、派閥に入ったほうが有利です。ですから、無派閥議員は少ないわけです。

しかし、わたしはそもそもポストを得るために国会議員になったわけではありません。アベノミクスを推進し、財政破綻というシナリオを回避するための政策を自由に提言したかった。

組織がバックに付いたら、その組織のために活動しなければなりません。もし派閥のトップが族議員で、自身をバックアップしている団体の業界に都合のいい政策が出てきたときにも動かなければならなくなる。

業界団体による既得権益とは、ワタミの事業を広げていくプロセスでも、何度もぶつかってきたものです。

大阪府岸和田市にある医療法人盈進会《えいしんかい》の理事長を務めていた際、診療報酬制度には大きな疑問を感じていました。保険が適用されない自由診療を受けるし、保険が適用される保険診療の部分も含めて、いっさい保険がきかなくなり、全額自己負担になってしまうのです。患者さんによっては、保険診療に自由診療をプラスしたいというケースもあります。そうするとすべて自己負担になってしまいます。

また、特例はあるものの、病院の理事長は医師でなければなれないしいうルールもあります。これはプロ野球選手でなければ、プロ野球の球団を経営できないというのと同じこと。元野球選手でなければプロ野球の監督になれないというなら、まだわかります。院長は医師のトップなので、医師でなければならないというなら理屈はわかります。

しかし、理事長は経営者。経営は医学とは別ものです。医師以外の経営者が理事長を務めることに何か問題があるでしょうか。

あるいは、株式会社は病院経営に参入することができません。しかし、株式会社が病院を経営することによってコストパフォーマンスが向上するとわたしは確信しています。

ワタミは2002年からワタミファームを設立して農業にかかわっていますが、ここでも政治に対する疑問が次々と湧いてきました。

補助金をバラまいて農家を守ることに熱心な一方で、民間企業からの参入には高い障壁を設けているのです。民間企業は農地すら直接所有できません。

「ワタミが参入してくれてよかった」

わたしは、どの分野でも、お客さまにそう言っていただけることをめざしています。常にあるべき姿を考え、みんなが不便を感じている課題を解決するために挑戦しつづけるのがワタミです。

しかし、ワタミという一企業ではどうにもならない、しかも合理性や理屈では話が通らない「制度」という壁がいくつも存在しているのです。

教育を発端として、おかしな制度を変えるには、政治の世界に足を踏み入れるしかない。そう考えて、2011年に都知事選に出馬したわけです。

そして、国会議員になってからも、自分が正しいと信じることを曲げずに言い切るために、派閥に入ることはありませんでした。

アベノミクス第3の矢への期待

都政のトップである都知事になれば、少なくとも東京のさまざまな問題を解決できるイメージがありました。都の条例等を決めることによって50%くらいは自分の考えを実践できると思っていました。

一方で、国会議員はそう簡単にはいかないことはわかっていました。いち国会議員が国を大きく動かせるわけはありません。

ただ、これだけは成し遂げたいと強く思った課題があります。それが菅官房長官からも頼まれていたアベノミクス第3の矢の推進でした。

第1章で述べたように、第1の矢と第2の矢は放たれました。しかし、それだけでは日本は財政破綻一直線です。第3の矢によって規制緩和を進めるしかないとわたしは考えていました。

震災後の陸前高田市で目の当たりにした、すべてが失われた光景。日本が財政破綻したあとの近未来。わたしは、このふたつを重ね合わせて見ていました。

原発に歯止めをかけていれば、震災が来てもあれほど復興に時間がかかることはなかったのではないか……。

同じように、財政破綻という大災害が来る前に、何か手を打てることがあるのではないか。さらに言えば、もし財政が破綻しても、いち早く復旧できるように準備しておくことが国政の仕事ではないか。そのためには、アベノミクス第3の矢を放つしかないと考えていました。

納得できない東電の存続

わたしの妻の実家は福島県の沿岸部に位置するいわき市の小名浜です。鉄工所を経営している妻の実家は平屋の作業所があり、その隣に2階建ての住まいがあります。震災のとき、1階は波に飲まれましたが、みんなが2階へ逃げて助かりました。

小名浜は漁業の町。鉄工所のお客さんは、魚の加工場がほとんどです。震災の後、その仕事がパッタリとなくなりました。福島近海の魚介類が一切食べられなくなったからです。

ドンコという名物が小名浜にはありました。脂が乗った深海魚で、これがほんとうにおいしい。ワタリガニも抜群にうまい。こうした海産物がすべて食べられなくなりました。仕事がなくなってしまう。目の前の海で獲れるおいしいものが食べられなくなってしまう。こんな現実を引き起こす原発は人間が使うべき道具ではない。これがわたしの結論です。

自民党は東京電力を存続させようとしていましたが、わたしは党の部会で何度も「東電はつぶすべきだ」と主張しました。

東証一部上場企業として、事故を起こしたことには全責任を負うべきです。その結果、債務超過に陥ったのならつぶすしかない。つぶすことによって、株主なり主要取引先なり、債権者である銀行なりも連帯責任を負うのです。これが株式会社というものです。会社更生法のもとで再建すべきなのです。

それにもかかわらず、湯水の如く税金を注ぎこんで、今まで通りに東電が存続しているのです。わたしはこの状況が不思議で仕方ありません。この自由主義社会で、民主主義社会で、そんなことが許されるのでしょうか。

わたしの憤りとは裏腹に自民党は東電存続のスタンスを変えることはありませんでした。ちなみに、東電は自民党を中心とした国会議員50人以上のパーティー券を年間計5000万円以上購入していたことが報じられています。

世界と戦える農業へ

日本の農業も大きな問題を抱えています。

農業に対する今の補助金は、細々とつづけている農家にばらまいているだけになっています。補助金自体が悪いわけではありません。問題は付け方。今の農家を守るためではなく、海外に向けて戦うための補助金にすべきです。

わたしは議員時代、次のようなことを提案しました。米農家に対する補助金をすべてやめて、お米1キロ当たり60円の補助金を出すというものです。その結果、何が起きるのか。日本の競争力が高まります。世界の市場で、お米で勝負できるようになるのです。

あるいは海外に和牛を売りこむにしても、今は佐賀牛や松阪牛、岩手牛がバラバラに独自のキャンペーンをやっています。そうではなくて、日本の和牛というもの全体を、組織的に世界へ売りこむべきです。農業の担い手の平均年齢は68歳。後継者がいません。つくり手が減っていくだけでなく、売ることも下手なのが現状です。たとえばオランダに比べると、日本の農業は著しく生産性も低い。著しく儲けも少ない。今のままでは、日本の農業は先細りです。農業に戦略を持ちこまなければいけない時代が来ているのです。

ワタミは北海道から九州まで全国11か所で約630ヘクタールの規模で有機農業をおこなっています。

各地では、農協のインフラを利用させてもらっています。農協は倉庫をつくり、加工場をつくり、処理場をつくってきました。これらを活用しない手はありません。

わたしは、農協のインフラをベースにした新しい農業のあり方を模索すべきだと考えています。インフラを持っている農協。生産性や売るノウハウに長けている民間企業。この両者が連携してより良い農業が生まれないはずがありません。これによって、生産性が高いモノを世界に売っていく仕組みをつくっていけるというのがわたしの考え方です。

かつてわたしは「農協をつぶせ」と主張していましたが、今は違います。農協にはこれだけ充実したインフラがあるのに、つぶすのはもったいない。このインフラをベースに、世界と戦える新しい農業を創造していくべきです。

全体最適よりも部分最適な政治

残念ながら、アベノミクスは失敗したと述べました。政府は第3の矢を本気で射ようとはしませんでした。各産業の規制緩和に踏みこもうとはしなかったのです。それはなぜか。国会議員は自分たちの票に影響する改革ができないからです。

わたしは議員時代、商工会と商工会議所を再構築して、経営の目利きの組織を都道府県ごとにつくるという政策を提言しました。

商工会は経営指導員を通して、中小企業を支援しています。ところが、中身を見てみると、経営指導は補助金のもらい方や帳簿の付け方が中心。経営指導員という肩書きなら、補助金頼みではない、しっかりした経営指導のできる人材育成が急務であると提言しました。

ところが商工会・商工会議所の息のかかった議員の抵抗にあい、わたしの提案は何ひとつ通りませんでした。商工会・商工会議所のトップは、地元の政治家に対する影響力が強い。だから国会議員は商工会・商工会議所には手を出せません。協力を得られなければ、次の選挙で落選してしまうからです。

これは農協も同じです。とりわけ地方では農協も国会議員の有力な支持母体です。わたしはどこからも推薦をもらっていないから大胆に切りこめますが、農協からの国会議員への推薦状の重さに勝てませんでした。

議会があるのは国だけではありません。都道府県や市町村にも議会があります。商工会・商工会議所や農協は、こうした地方議会にも影響力があります。わたし1人の力でどうにかなる問題ではありませんでした。

日本の政治というものは、「夢に日付を！」というわたしの考え方とは相容れませんでした。次の選挙があるからです。「5年後の日本がこうあってほしい」「将来の日本はこうあるべきだ」と掲げたところで、いつ国会が解散するかわかりません。

自分の支持団体の集まりに出て、地方議員の選挙を応援して、支持団体のために予算を取ってこなければ、次の選挙での当選はおぼつきません。

日本という国のためにアベノミクス第3の矢を放つよりも、地盤を固めるために、既得権益を守るよう損得で動くのが政治というものでした。

政治を表す象徴的な発言が2019年7月の参院選前にありました。自民党幹部がある会合で「選挙を頑張ってくれたところに予算を付ける」と発言したと報じられたのです。この発想こそ、永田町そのものです。

こうした考え方をしているかぎり、国は絶対に良くなりません。有力な政治家が「国民にとって大事なことにお金を配分するという発想がない」と公言して恥じない世界。選挙で応援してくれたところに予算を付けることになんの疑問も抱かない世界。あの発言を聞いて、国民が反感を示さないことが不思議で仕方ありません。

米国のトランプ大統領は「アメリカ・ファースト」を掲げています。前回の東京都知事選では「都民ファースト」というフレーズが話題になりました。

わたしは「○○ファースト」という考えが好きではありません。アメリカが良ければそれでいい。都民が良ければそれでいい。これは部分最適を志向する人へのメッセージです。

日本の政治は部分最適のかたまり。国会議員は、自分の議席を守ること、自分の支持母体の予算を守ることだけを追い求めます。ひたすら現状肯定です。

それでは政治家が全体最適をわかっていないかといえば、じつはそんなことはありません。「わかってるよ。でも、できないんだよ」というのが本音でしょう。

「全体から考えたら、このお金は道路を造るよりも介護にまわしたほうがいい」「規制緩和すべき」といったことは理解していても、次の選挙を考えると、部分最適を優先せざるをえないのです。

そもそも部分最適を求めてしまうのが人間です。総論には賛成でも、各論には反対するのが人間の常。まったくおかしいことではありません。

だからこそ、指導者は全体最適を意識しなければなりません。

「ちょっと待ってよ。それで自分は得するかもしれないけど、世の中の人全員が得するのかな?」

経営においても、こんなふうに常に考えることこそ成功につながります。全体最適とは、昔風に言えば「三方よし」。売り手よし・買い手よし・世間よしという価値観です。

わたしが「魂のレベルが違う」と感じる70代、80代の先輩経営者の方々は、皆さん、おそらく経営を通して、ずっと修行されてきたのでしょう。人の幸せを自分の幸せに置き換える。そんな世界をつくり上げています。

ワタミの株主でもあるサントリーは「利益三分主義」を掲げています。これも同じこと。事業で得た利益を再投資するだけでなく、得意先や取引先へのサービス、社会への貢献に役立てていくという考えです。

きちんと経営していれば、「全体最適」こそ、結局は自分の会社のためになるということに気づくのです。

お客さまも、社員も、世の中も、みんなにとってプラスになることを実践しなければ、企業は永続しません。自分の会社がよければいい、という部分最適だけを追い求めている企業は、遅かれ早かれ破綻します。

政治家として0点

議員生活を振り返って強く思うのは、国を動かしているのはやはり政治家だということです。だから、政治の動きには敏感であったほうがいい。

もし政治を学ばなければ、財政破綻に対して、ここまで切迫した気持ちを抱くことはなかったかもしれません。財政破綻後の世界がどうなるかも、深く学ぼうとはしなかったはずです。政治の動きを知ることは、決して無駄ではありません。

しかし、政治に取り入ろうとすれば、「補助金をくれ」「既得権を守ってくれ」という話になりがちです。「政治の影響力が大きいのなら、政治家とコネクションをつくったほうがいい」と考える人がいるかもしれませんが、そんなところに労力を割くのであれば、100%すべてを経営のど真ん中に使ったほうがいいでしょう。

今の体制のまま、もし政治で何かを変えようとすれば、若くして政治家になるしかありません。30代後半で議員になって、当選回数を増やしながら50代前半までに大臣を経験し、60代前半に向けて総理をめざすというシナリオでしょう。実際、わたしが再出馬しないことをある政権幹部に伝えたときに、こう言われました。

「渡邉さんもあと10年議員になるのが早ければ、自らのビジョンを実現できていたかもしれませんね」

つまり、10年早ければ、大臣としてある程度の裁量をもって活動できていたかもしれないということです。

国会の中で重要なことを決めている「インナー」と呼ばれる人たちがいます。これは与党で発言力のあるごく一部の議員たちです。多くは大臣等要職を務めています。

このインナーに入らなければ、何も変えられないのです。インナーに入るためには、当選回数が必要です。つまり、当選回数を増やしてポジションを上げる。自分の考えを実現するために、国会議員が通るべきはその道しかないのです。

1期生のわたしは何を言っても空に向かって話しているような感覚しかありませんでした。2期目を務めれば少しは発言権が増すとしても、12年も待てるはずがありません。その前にこの国はつぶれてしまいます。

もし、同じような構造の会社があったら、どうなるでしょうか。とても優秀な新入社員が配属されてきたとします。さまざまな改革案を提案しても「お前、1年目なんだからこれから12年間は会社から命じられたことだけやっていればいいんだ」と押さえつけられるのです。

わたしは参議院外交防衛委員長を務めていたので、外務省の官僚たちと話す機会がありました。彼らにとって、大きなネックになっているのがこの年功序列。優秀な官僚が入ってきても、重要な仕事が与えられないのです。先輩官僚は「20年歩いてみろ。そうしたらきっと景色が変わってくる。だから、それまで歩きつづけろ。それができないとこの省庁にはいられないぞ」といつも言うとのことでした。

しかし、話していて虚しいそうです。結果として、能力のある職員は「20年も下積みするのはバカバカしい」と、辞めてしまいます。優秀な人から消えていく。これはつぶれていく組織の典型です。

一方で、自民党には懐の深い面もあります。わたしが財政破綻論者であり、アベノミクス第3の矢の推進派であること。このことを自民党は公認前からわかっていました。だからといって、自民党から「こういう主張はしないでくれ」と制約を受けることはありませんでした。いろんな意見があっていいという党です。言うのは自由。

しかし最後に「では、あとはわれわれに任せてくれ」で終わり。これが決め台詞です。筋書きがすべて出来上がっているわけです。部会の議論で変わることはなにひとつありません。もっと言うと、国会の本会議や委員会で変わることすら何もない。「この法案で、このストーリーでいく」とあらかじめ決まっているからです。

自民党に懐の深さがあるのは、中選挙区制時代の名残があるからでしょう。今の小選挙区制ではそれぞれ定数は1人。そうなると、自民党は各選挙区で1人しか公認しません。

ところが中選挙区制時代、定数が複数の選挙区には自民党が複数の候補者を公認することも珍しくありませんでした。それこそ、まったく異なる主張の2人が同じ選挙区で自民党から公認を受けている、ということもよくありました。自民党にはそういう文化が残っていました。現在は小選挙区制になって、モノを言えない雰囲気になってきました。党の右へならえです。

わたしは自分が正しいと思う道を突き進むタイプ。まわりの人たちはそれを知っているからか、政治の世界に足を踏み入れようとするとき、誰も止めませんでした。

たった1人、「やめろ」とわたしに強く言う人物がいました。石井誠二《いしいせいじ》さん。居酒屋チェーン「つぼ八」の創業者です。

北半球一周の旅で立ち寄ったニューヨークのライブハウスに感銘を受け、同じようなお店を横浜につくろうと開業準備を進めていたときに、「ライブハウスなんて流行らない。『つぼ八』の店舗を譲るから、FCオーナーとしてやってみないか」と誘っていただいた、わたしの恩人です。「つぼ八」加盟の居酒屋として起業していなければ、今のワタミはありませんでした。

「政治はそんなに簡単に変わるもんじゃないよ。お前1人が行っても、何も変わらない。だから経営をやってろ」

石井さんに、そう諭されました。わたしは「国会に行ってみなきゃわからない」と内心思っていましたが、結果的には石井さんの言うとおりでした。この6年間は非常に無駄な時間でした。政治の世界を知るにしても1年あれば十分でした。

わたし1人では、政治は何も変わりませんでした。国会議員引退の記者会見で述べたとおり、政治家として「0点」だったと思っています。

孤独な戦いを支えた10万4176票

参議院議員になって1年が過ぎたころには、「わたしがどれだけ真剣に取り組んでも、何も動かない」ということが見えてきました。それでも、途中で議員を辞めることなく6年間戦いつづけられたのは、投票してくれた10万人に対する恩義があったからです。そして、任期中に財政破綻が起きたときに「国民の被害を最小限にしたい」という思いがわたしの議員辞職を思い留まらせました。

そもそも2013年の参院選においては、ワタミのブラック企業問題で、わたしもメディアから相当な批判を受けました。選挙プランナーが試算した「30万票、トップ当選」は、蓋を開けてみると10万4176票にまで減っていました。

自民党の参院選比例区の当選ラインは通常、16〜17万票です。現に、2019年の参院選で自民党の最下位当選は約13万票でした。10万票では落選です。なぜ当選できてしまったのか？　わたしには何か必然の出来事だったとしか思えません。

この10万人に対する感謝の表現が最後まで議員をやり抜くことだと思っていました。とはいえ、自分の中で葛藤はありました。感謝の表現のためだけに国会議員でありつづけることが、果たして正しいのかと……。

「いくらやっても日本は変わらない。バカバカしい」

そう言って国会議員を任期途中で投げ出した著名人が過去に何人かいました。かつてのわたしはその意味が読み解けませんでしたが、自分が国会議員になってよくわかります。

先述のとおり、2019年6月、金融庁の金融審議会がまとめた報告書が炎上騒ぎを巻き起こしました。「65歳以上の夫と60歳以上の妻が30年間生きると、老後資金が約2000万円不足する」という部分が問題視され、年金問題は参院選の争点になりました。

「渡邉先生、国が老後2000万円必要だって言ってるけど、大丈夫かな?」

自宅のマンションのエレベータで一緒になったご婦人に話しかけられて「大丈夫じ

ゃないですよ」とわたしは答えました。

「でも、私たちは信じるしかないのよね、国を」

それが正直なところだと思います。多くの人たちは国を信じるしかありません。孔子は政治について、何かを手放さなければならないなら、最初が「兵」、次が「食」、最後に「信」だと言っています。どんなことがあっても、人々からの信だけは最後まで手放すなと戒めているのです。今、日本の政治は国民からの信を失う寸前です。


政治を変えるにはどうすればいいのか。わたしは以前から「無党派層が選挙に行くべきだ」と提唱してきました。

2019年の参院選の投票率は48・80%と、24年ぶりに50%を下回りました。有権者の半数以上が投票していないのが現実です。無党派層が投票すれば、組織票の影響力が相対的に弱まります。旧態依然とした政治はまかり通らなくなります。

ただ、投票したいと思える議員がいない、政党がないと困っている人たちもいるでしょう。わたしもどの政党の政策を見ても、財政破綻へのシナリオを回避するものがなく悩ましく思っています。

一体どこに投票すればいいのでしょうか？

選挙のときに議員はマニフェストを掲げます。しかし、マニフェストの効果検証をおこなうことはまずありません。

「このお金を使ってこれをやります」とは言いますが、その結果を誰も検証しない。無責任のかたまりです。ＰＤＣＡが回っていない。

さらに第1章で述べたとおり、政治家や官僚が繰り広げているのは、予算の分捕り合戦。使うこと、増やすことしか考えていません。

年功序列。

ＰＤＣＡがまわっていない。

お金を大切にしない。

これでは日本が良くなるはずはありません。タリーズコーヒージャパンの創業者松《まつ》田《だ》公太《こうた》さんは２０１０年の参院選で当選しましたが、1期6年で政界を引退しました。そのとき、松田さんは「国会では社会やビジネス界の常識が驚くほど通用しない」と語っていました。わたしもまったく同感です。

止まることによって、進むエネルギーを蓄える。物事には、そんな時期があると思います。この6年間は、ワタミにとっても、わたしにとっても止まっていた時期ですが、成長のための準備をしている時期でもあったと思います。

久しぶりに高校や大学の仲間と会うと、「やさしくなったな」と言われます。国会議員の6年間でがまんも覚えました。

日本の財政破綻が近づいたとき、「そういえば渡邉が警鐘を鳴らしていたな」と気づいてもらえれば、少しは早くアラームが鳴るのではないでしょうか。誰かが言わなければ、アラームすら鳴りません。

大手企業や感度の高い経営者は、財政破綻を見越してすでに手を打っているはずです。わたしが政治家として発信した３００の提言は巻末に載せています。

この情報発信によって危機に備えるきっかけを提供できたのなら、わたしの政治活動も無意味ではなかったと思います。

わたしはもう国会議員という立場ではありませんが、財政破綻の被害が少しでも小さくなってほしい、そのためにできるかぎりの発信はつづけていきます。

教育で国を変えるしかない

6年間の議員生活を通してプラスになったことを挙げるとすれば、国政の構造的な問題、手付かずのさまざまな社会問題に直面し、経営から離れてワタミを俯瞰して見たとき、次のワタミの成長ストーリーをひとまわり大きな視座で描けるようになりました。後述する「ワタミモデル」で示したとおり、これからのワタミはより日本の社会問題に直結した事業展開をしていきます。そのひとつが教育です。

国政の現状を目の当たりにして、時間はかかりますが、この国を変えるには教育しかないと改めて実感しました。政治のあるべき姿をしっかりと子どもたちに伝えていく。それを理解した子どもたちが大人になっていく。そうしなければ国は変わらないと思います。

現実はどうでしょうか。GDPに対する教育費が日本は先進国中で最低水準。教育は票にならないから、最低限の予算しか付けない。このままでは日本は沈んでしまいます。

とくに気になっていることのひとつが、海外へ留学する若者の少なさ。この国が本当にダメな国になってしまったと実感するのは、世界的に見て、若者の海外留学の意欲が極めて低い国であること。近隣の中国や韓国、台湾の若者たちは我こそはと海外へと飛び出していきます。それに対して、日本の若者たちはなぜ外に出ようとしないのでしょうか。

環境問題も食糧問題もエネルギー問題も、これから間違いなく国境がなくなっていくでしょう。わたしは、若いうちに絶対に海外へ出るべきだと思っています。

都知事選のとき、「10人に1人の高校生を海外留学させる」と公約に掲げました。

わたしが理事長を務める郁文館グローバル高校では、生徒全員が1年間、海外に留学します。

これはわたしが22歳のときに北半球一周の旅を経験して、「世界ってこんなに小さいんだ」ということを体感したからです。その感覚がある人とない人とでは、人生の結果がまるで違ってくると思います。

自分の町を基点にしてしか物事を考えられない人もいれば、日本という国から物事を考える人もいれば、アジア・世界という視点で物事を考えられる人もいます。視野の広さによって、物事を判断する軸が変わると思います。広い視野で物事を見られる人間が、これからの時代をリードしていきます。

わたしはカンボジアで孤児院を運営しています。その1期生が大学生になりました。その子たちが大学4年生になったら、順番に日本に連れてきています。これもまったく同じ発想です。

郁文館の生徒たちは親が驚くほど成長して留学から帰ってきます。この子たちのなかから起業家も出てくるでしょう。もしかすると、政治家になる子がいるかもしれません。わたしは、日本全国の若者たちにも郁文館の生徒たちのような経験をしてほしいと思っています。

第3章

危機

債務超過寸前に追いこまれる

「代表が決断に迷ったのを見たのは、30年間であのときだけですね」

ワタミの清水邦晃社長（以下：邦晃）は、いまだにこう言います。

邦晃は大学生のとき、わたしが「つぼ八」のフランチャイズに加盟して出した4号店のアルバイトとして入ってきました。それから30年来の付き合いです。邦晃が30年に一度と言うくらいわたしが迷いに迷った決断とは、2015年の介護事業の売却でした。

ワタミは2014年3月期の決算で上場以来初の49億円の赤字に転落し、翌2015年も128億円の赤字を計上しました。自己資本比率は一時7・3%まで下がり、債務超過寸前にまで経営が逼迫していました。

こうした危機はわたしが議員になったあとに起こりました。会長の職を辞して経営から退いたのはワタミがすでに確かな成長路線に乗っていたからです。実際にわたしが参議院議員になった2013年は過去最高益を記録したほど業績が好調でした。ところが、当選と時を同じくして、ワタミに対する「ブラック企業」批判が巻き起こったのです。

そのころ、年間100店舗ペースで出店し、525店舗まで拡大していました。急拡大を補うための大量採用によって内部統制のゆがみが生じていました。

さらに投資の失敗、組織の縦割りの弊害、理念の希薄化といったさまざまな問題が同時多発的に噴出していました。

3つの投資の失敗

ワタミが経営危機に陥った大きな原因には、3つの投資の失敗もありました。

ひとつは店舗の「改装」。外食事業の業績悪化によっておよそ100億円をかけて店舗をリニューアルしました。しかし、ブランドイメージもさることながら、既存店の数字がまったく上がりませんでした。つまり、投資を回収できなかったのです。

ふたつ目は宅食を拡充するための「工場」の建設の失敗です。ワタミの手づくり厨房は全国に11施設あります。手づくり感を損なわないように、手作業を主体に調理したものを全国の外食店舗、宅食の食材として供給しています。急速な店舗拡大に追いつくよう、これにも100億円の投資がされましたが、工場が増えすぎてそれぞれの稼働率を落としただけでした。

3つ目は「広告宣伝費」の無駄です。当時は伸び盛りだった宅食の広告に一気に60億円を投入しました。大規模なテレビCMも見込んだほどの効果は上がらなかったのです。確かに、ワタミはバッシングを受け、外食事業から客足は遠のいていましたが、ここまで大きな3つの投資が失敗しなければ、債務超過寸前に追いこまれることはなかったはずです。介護事業も売らずにすんだことでしょう。

同じルートを走る2台のトラック

縦割りになった組織の弊害も深刻でした。驚いたのが、トラック輸送。たとえば、ある物資を東京から新潟へ運ぶとき、外食事業と宅食事業が別々のトラックを走らせていたのです。1台のトラックに混載すれば、単純にコストは半分です。それなのに、事業部ごとに同じルートでトラックを走らせるということが起きていました。

あるいは、ワタミの農場で手塩にかけて育てた有機野菜。この中で、ワタミの店舗で使っていないものがたくさんありました。地元の農協に卸していたのです。外食事業側は「自分たちの商品企画に合わない」。農場側は「向こうが使いたくないと言っている」。わたしからすると、そこをなんとか工夫してお互いにメリットのある形にするのが仕事というものです。とても考えられない状況でした。

ほかにも、事業部ごとに別々の広告代理店を使って宣伝していたり、同じような資材を別々に仕入れていたりといったことが起きていました。

元々はわたしがワタミのすべての事業を見ていました。しかし、事業を託すときにわたしが考えたのは、組織を分けて分権するしかないということ。それで外食や介護、宅食、海外といった事業ごとに社長を置き、分社経営に舵を切りました。すると、それぞれの社長は自分の組織のことしか考えなくなっていたのです。

お客さまを裏切る「ワタミ宴会事件」

2014年末、ワタミのお店でメディアの取材を受けたときのことです。そこに出てきた宴会料理を見て、驚きました。キャベツにちょこっと揚げ餃子が載っているだけの貧相な見た目の料理だったからです。わたしは外食のプロ。出された料理をひと目見れば、原価がおおよそどれくらいかはわかります。とても嫌な予感がしてスタッフに「これ、いくらでつくっているの？」と値段を聞きました。すると、原価が驚くほど低かったのです。

「うそだろ？」

わたしは、ワタミでそんな料理が出されていることが信じられませんでした。商品にもよりますが、居酒屋の料理の原価は通常30％前後。かき入れどきの宴会シーズンだからといって、原価を変えることはありません。

なぜ、宴会で原価の低い商品を出したのか。答えは簡単、低迷していた利益を一気に取り戻すためです。

その年の4月から11月までの数字が目標を達成していなかったのです。忘年会シーズンの12月は超繁忙期。原価の低い宴会メニューにすれば、それまでの利益のマイナス分を一挙に取り返す計算が立ちます。

ワタミは逆風にさらされていました。幹部も現場も大変な思いをしていたのはわかります。しかし、その宴会シーズンにお見えになったお客さまは、二度とワタミのお店には来ません。それはそうです。裏切られたと思うからです。

原価の低い貧弱な商品に対して、お客さまから「ありがとう」と言っていただけるでしょうか？　お客さまの笑顔を考えたら、原価を下げることはあり得ません。

年の瀬の12月、「1年間お疲れさまでした」という素晴らしい思い出をつくっていただくために、私たちは仕事をしているのです。ワタミの社員たちは、そうした仕事に誇りを持っていました。

お客さまには、1人当たり何千円ものお金を出していただいています。それなのに、価値に見合わないものでごまかそうとしたわけです。

割引券の乱発

ワタミは当時、とんでもない割引クーポンも乱発していました。皆さんも、フリーペーパーに付いている飲食店の割引クーポンを利用したことがあるかもしれません。たとえば、3000円で6000円分食べられる、といったクーポンです。

クーポンを発行すると、お客さまの数は増えます。しかし、利益はむしろマイナスです。そうはいっても、現場の人たちはお客さまが来ない危機感から、この割引券に手を出してしまうのです。

何も割引してはいけないというわけではありません。割引してもいい。割引以上の粗利を生み出せるか否か。割引によってブランドは毀損していないか等検討を重ねたうえでなら割引もひとつの方法です。なぜ業績が落ちたのかを見極めて、戦略を立てたうえで、打つ手を考えなければなりません。

客数が落ちたのか、あるいは客単価が落ちたのか。客数が落ちたとしたら、その客数はどの層が減っているのか。高齢者が減っているのか、若い人が減っているのか。

団体客が減っているのか。減った客層はなぜ来なくなったのか。メニューはどうなっているのか。全体的に価格を下げなければいけないのか。

物事は、多面的に見ることによって、輪郭を現します。こうした考え方ができるかどうかが大切です。「業績が落ちました。割引しましょう」ではなんの解決にもなりません。

たとえ売上が下がったとしても、手っとり早くお客さまを集められる手法に走るべきではありません。何より本質を見極めるべきです。

危機のとき、こうしたことが次々と起きていました。

それはなぜか？　先を見通した問題意識がないからです。今日がそのまま明日へ、明日がそのまま明後日へと続いていくのなら、それがいちばん楽です。

「もっといいものはないだろうか？」

「もっと違うものはないだろうか？」

そう考えつづけるのは楽ではありません。経営者は、物事を新しくつくっていくために、常に考えていかなければならないのです。

ワタミは割引券をやめました。工場の売却も進めました。宴会事件の翌年から、宴会メニューにも手を入れました。ワタミだけで飲める「獺祭　等外」というのを出してもらうようにしたのです。これは規格外のお米を使った商品ですが、品質は大吟醸とほとんど遜色ありません。それをすべてワタミが引き取ることにしたのです。「ワタミだけで出せる獺祭があったらお客さまが喜ぶだろう」という発想です。これが爆発的に売れました。獺祭の飲み放題。これは現在も好評です。

安くて、おいしくて、お客さまに喜んでいただける。
これがワタミらしさです。

29年間でもっとも悩んだ介護事業の売却

銀行からは「渡邉さんがワタミに戻らないと、融資を引き揚げます」と言われるくらい経営は逼迫していました。邦晃からこの相談を受けたときに、わたしはまず危機を乗り越える手段として、増資、社債発行、自社株売却等の手段でつなぎ資金を用立てられないか考えました。

しかし、当時株価は半分近くになっていて、財務状況を見れば、介護事業を売却することがもっとも合理的な判断であることに疑いの余地はなかったのです。

当時のワタミは外食だけに頼らない事業会社に成長していて、好調の宅食事業や介護事業はまだまだ伸びしろがありました。もう一度財務を安定させれば各事業は立ち上がっていくことは明白でした。ところが銀行からの融資は期待できない……。

ここまで財務が悪化したのはこれまでの投資の失敗ですが、これは、わたしの承継が失敗したからです。

わたしが有限会社渡美商事を創業したのは1984年のことでした。以来、創業社長としてワタミを率いてきました。

ワタミを立ち上げて25年たった2009年、わたしは社長から会長になりました。このとき、会社経営の第一線から一歩引くことを心に決めたのです。

「地球上で一番たくさんの〝ありがとう〟を集めるグループになろう」。この理念を実現するには、創業者であるわたしに依存したままでは難しいと考えたのです。

2013年に参議院議員になったときには、会長も辞して経営から身を引きました。

経営とは貸借対照表（BS）と損益計算書（PL）、そしてキャッシュフロー（CF）を見ることです。わたしは財務諸表を3期見れば、その会社の社長が太っているのか、痩せているのか、どういう人格の持ち主なのかまで当てられます。それくらい経営者の個性が出るのです。BS、PL、CFを漫画を読むくらいスムーズに読めなければ経営者失格だと日ごろから言っています。

そして、会社をつぶさないためには、CFが肝心なのです。二流の経営者はPLだけ見ます。毎月、毎期の業績に一喜一憂するのです。通常はPLとBSを見ます。借り入れはどのくらいか、自己資本比率を何年後にどのくらいをめざすのか、中長期の計画が必要になってきます。

しかし、一流の経営者はCFまで見ます。会社は赤字でもつぶれません。現金がまわらないときに倒産するのです。CFを見ることこそ経営だと考え、わたしは大株主として、資本政策と役員選出、中長期経営計画、100億円を超えるM&Aについては相談を受けることになりました。

振り返ると、これが大きな失敗でした。2013年には最高益を叩き出して、経営状態が非常に良かった。〝魔が差した〟としか言えません。キャッシュの動きさえ慎重に管理してもらえれば、ワタミはこのまま順調に進むという油断が心のどこかにあったのでしょう。

2014年に業績が悪化したとき、自分が選んで任せた桑原《くわばら》豊《ゆたか》社長を代えるかどうか悩みに悩みました。なんとか事業承継を成功させようと思い、必死になって桑原社長を支えてきたからです。しかし、事業承継なんて考えていたら、会社がつぶれてしまいかねませんでした。

桑原社長時代には、執行役員や幹部の多数が「すかいらーく」出身者となりました。彼らはさまざまな技術や知識を持つ優秀な人材でした。ワタミの理念のことも理解してくれていました。

幹部は全員が新卒入社のプロパーであるべきだと言うつもりはありません。財務や法務等のスペシャリストを外部から中途採用することも必要です。外部の力のある人材を取りこむことが、社内の刺激にもなります。

しかし、根っこが違う。根っこが違うと咲く花が違うのです。たとえばプロ野球の助っ人外国人選手を思い浮かべてください。彼らは、シーズン30本のホームランを打ってくれたら、それで十分です。それをまわりの日本人選手が見て、自分にない技術を吸収すればいい。

一方で、生え抜き選手を育てないとチーム全体の力は上がっていきません。大切なのは、刺激とバランスです。外部からの刺激はあったほうがいい。自分たちの世界に閉じこもっていては、新しいものは生まれません。

ただ、外から採用した人間は根っこが違うということを認識したうえで配置していかないと、会社全体のバランスが崩れます。

そして2015年3月、わたしは清水邦晃を社長に指名しました。このときこそ、わたしが事業承継に失敗したと認めた瞬間でした。

わたしは、創業者である自分と同じ熱量をそのまま受け渡そうとしたがために、承継に失敗しました。事業承継の失敗は、バトンを受け取る側の責任ではありません。バトンを渡すわたしにすべての責任があったのです。

ワタミに限らず、どの企業でも創業者と同じ熱量の人は、多分、現れないでしょう。自分と同じ熱量の承継はできない。そう開き直って、仕組みをつくっていかなければならなかったのです。

危機を脱却できる答えはすでに出ていました。7・3％まで下がった自己資本比率を覆すのが介護事業の売却でした。

介護事業を売るべきだと頭ではわかっていました。それが最善策だと理解していました。しかし、心では納得できませんでした。

病院を退院後も高齢者が幸せに暮らせるように始めた介護事業。「地球上で一番たくさんの〝ありがとう〟を集めるグループになろう」というワタミの理念にふさわしい事業です。

わたしは国会議員になったあとも、定期的に全国111ヵ所の施設をまわって入居者の方々と触れ合ってきました。お年寄りが自分の部屋に連れていってくれて、お茶をごちそうしてくださることがよくあります。

売却の考えがあった時期、いつもどおり施設に行くと、おじいちゃん、おばあちゃんたちがいつものように笑顔で声をかけてくださいました。

「家を売ったお金でこの施設に入らせてもらいました」

「渡邉さんに命を預けたようなものです」

そう言ってくださるのです。

「この人たちを手放せるはずがない！」

わたしは心の中でそう叫びました。頭で考えれば100％売るのが経営的に正しい判断です。しかし、心で考えると、とてもアドバイスできない。

わたしには「世の中で必要とされる事業をしているかぎり、企業は存続する」という、経営者としての価値観があります。「ワタミの介護」は高齢者の生活インフラとなり、人と人との触れ合いの懸け橋として笑顔をたくさんつくっている。世の中に必要とされているという強い実感がありました。

施設を訪問した帰りのクルマから邦晃に電話を入れました。

「……邦晃、売るのはやめたほうがいい」

「本気ですか？」

「本気だ、本気」


介護事業を売却せずに、ワタミの経営を再建させるためにはどうすればいいのか。いろいろ悩んだ末、メインバンクの横浜銀行へわたし個人が保有するワタミの全株式を担保に融資をお願いすることを考えました。

邦晃からも経営再建策について報告を受けました。値引き販売の抑制、物流効率化、広告宣伝費の削減——36億円の徹底的なコスト削減、ソーラー事業の売却。しかし、売上高は大幅に前年割れ（マイナス17・6％）しており、上場してから黒字経営を継続していた企業の2期連続赤字は決定的でした。介護事業の売却はトータルで判断して、すべての特効薬だったのです。翌日、わたしはふたたび電話を手に取りました。

「邦晃、やっぱり売るしかないだろう……お金じゃない。ワタミの想いを受け継いでくれるところに売るんだ」

迷いに迷った末、損保ジャパン日本興亜ホールディングスが、わたしの想いを受け継いで事業を引き継いでくれることになりました。

損保ジャパンの櫻田謙悟《さくらだけんご》社長（当時）が「創業者としての想いを聞かせてほしい」と、参議院議員会館を訪れてくださいました。そこでわたしはワタミの理念を滔々と語り、ぜひ想いを引き継いでもらいたいと話しました。

櫻田社長はワタミの人材を重要なポストに残して、パートさんを含めて1人も辞めさせることなく、理念を引き継いだ経営をつづけると約束してくださったのです。その言葉を聞いて、わたしは創業者として、大株主として、介護事業の売却に賛成しました。

強すぎた「和民」

「和民」というのは非常に柔軟性のある業態です。なぜなら「これしか売らない」

「商圏はこの大きさ」「この単価のみ」という制約がないからです。

第二の家庭の食卓でもいい。会社員向けでもいい。宴会の場所でもいい。さまざまなお客さまに、さまざまな場面を、さまざまな形で提供できるのが「和民」です。

商圏を広くしようと思えば、単価を上げればいい。商圏を狭くしてお客さまの来店頻度を上げようと思えば、単価を下げればいい。メニューをファミリー向けにすれば、ファミリー層にご来店いただける。物価が上がって原価率を下げなければならなくなったら、値段を上げればいい。

こうした変数を数多く持っている業態。それが「和民」なのです。

つまり、損益分岐点を下げられる業態です。

「和民」はあまりに強すぎる業態だったため、全体の売上が落ちてきても利益率をキープできていました。少し工夫すれば、利益を出せたのです。だから長生きできたのです。

結果として、危機意識を感じるのが遅れてしまいました。

「危機感の塊であれ」というのがわたしの持論。わたし自身を含めて「和民」の強さに安心してしまったから、危機が起きたのです。前社長の桑原さんに社長のイスを譲るとき、わたしは「この会社は大丈夫だから、このまま経営してほしい」と言ってしまいました。

それくらいすばらしいビジネスモデルが出来上がっていましたが、世の中は猛スピードで変化していきます。「和民」はこの変化に対応できなくなっていました。

危機感がなかったがために、打つ手なしの状態になってしまいました。15年間成長しつづけて業態の寿命が来たとき、一気に赤字に転落しました。

「和民」が強すぎる業態だったゆえに、あそこまでの追いこまれ方をしたのです。もし「和民」が柔軟性のない弱い業態だったなら、どうなっていたでしょうか。あそこまで追いこまれる前に、危機感を持って改革を進めていたはずです。

企業は「生態系」そのもの

「生態系」というものがあります。

土があり、空気があり、太陽の光がある。植物が光合成で炭水化物等をつくり、その植物を動物が食べて成長する。動物が死ねば、それを微生物が分解し、土に返っていく。その養分を植物が取り入れる。

このように命が途切れることなくつながっていくのが生態系です。

ワタミが批判にさらされていたとき、わたしがつくづく思ったのは「企業は生態系」ということ。ありとあらゆることのつながりの中で、企業は成長し、企業文化が醸成されていくのです。

生態系の循環がどこかで切れれば、自然は破壊されます。これと同じように、企業という生態系でつながるべきところがつながらなくなれば、組織は崩壊していきます。

生態系が切れたこと。つながるべき所がつながらなくなったこと。こうしたことがワタミがおかしくなった原因だと考えたのです。

「PDCAサイクルを高速でまわせ」

わたしは常にそう言っています。なぜ、PDCAサイクルを高速でまわしつづけるのか。それは、危機感があるからです。いつ、生態系が切れるかわからないという危機感。これがあるからグルグルとPDCAサイクルをまわすのです。

ところが「和民」の業態の強さを過信していた私たちは、安心してしまってPDCAサイクルをまわさなくなっていきました。

トラック輸送で象徴的に現れていた縦割り組織の弊害。あれは、全体最適を無視することによる典型的な生態系の崩れでした。部分最適ではその種は滅びます。全体最適を考えてこそ、生態系が生き生きと機能していくのです。

大量採用の弊害

ワタミが成長していくにつれて社員を大量採用したこと。これによって内部統制が追いつかなくなったことがブラック企業批判につながっていきました。

邦晃がそうだったように、ワタミにはアルバイトから社員に昇格した人材が多い。ワタミでアルバイトして「ここで社員として働きたい！」「ワタミの理念に共感した！」と言って入ってきてくれた人たちです。ワタミを舞台に人として大きく成長していった例は枚挙にいとまがありません。こうした人材が集まっていることがワタミの強さの源泉でした。

２０００年くらいまでは、わたし自身が採用面接をしていました。だから、すべての社員のことを覚えていました。入社20年、30年といった節目の表彰。そのとき、その社員を採用した当時のことを思い出せました。

わたしが自分で面接していたころ、次のようなことがありました。選考で落ちたにもかかわらず、「どうしてもワタミに入れてください！」と食い下がった学生がいたのです。熱意に負けて、「わかったよ」と採用しました。その学生はのちに幹部になりました。

ところが会社が成長するにつれて、新卒採用数が急増しました。２００３年には２００人を突破し、ピークの２００６年には４８６人に達したのです。

就活生向けの会社説明会では、わたしが自ら学生たちに語りかけました。しかし、

ワタミの新卒採用数の推移（単位：人）

2000年新卒	54	2008年新卒	349
2001年新卒	146	2009年新卒	323
2002年新卒	168	2010年新卒	269
2003年新卒	265	2011年新卒	280
2004年新卒	329	2012年新卒	275
2005年新卒	242	2013年新卒	218
2006年新卒	486	2014年新卒	107
2007年新卒	361	2015年新卒	64

2000年を過ぎると、自分で面接することはなくなりました。500人近い採用となると、とても1人の創業オーナーでは目が届きません。

そのころは人数の確保優先の採用になっていました。お店の拡大に社員数が追いついていなかったからです。現場では、とにかく人手が欲しかったのです。

組織が重層化したことによって現場の意見を吸い上げきれず、幹部が店舗のことを把握しきれない面も出てきました。急成長を言い訳にできませんが、自分が思っている社員の幸せの形が崩れていったと反省しています。

全員との文通から、従業員アンケートへ

わたしは300人くらいの規模になるまで、社員一人ひとりを把握していました。人によって置かれた状況も能力も異なります。一律に給料を上げて、休みを増やせば全員が幸せになるかといえば、そんなことはありません。

家族構成はどうなのか、恋人がいるのかといったことを踏まえて、「この社員にはこれくらいの仕事をさせたほうがいい」「この社員にはあまり無理させないほうがいい」ということを考えていました。

そうすることで、はじめて社員の幸せを実現できるのです。

わたしは社員一人ひとりと文通もしていました。かつて、全社員向けの研修会をわたしがすべてやっていました。毎月です。研修会が終わったあと、全員から上がってくるレポート。そこには、研修の課題から学んだこと、その月に自分が感じたこと、その月に自分が向き合ったこと等が書かれていました。わたしはそれを読んで「そう

か、今月、こんなことがあったんだな」「つらいかもしれないけど頑張れよ」と1人ひとりに返事を書いていたのです。

先日、わたしの講演会に元ワタミ社員が駆けつけてくれました。彼が手にしていたのは、わたしと文通したすべてのレポート。彼は「これはわたしの宝物です。覚えていますか？」とわたしに見せてくれました。わたしももちろん覚えています。

ところが、社員数が増えるにつれて、この文通の作業に14時間くらいかかるようになりました。これでは仕事のバランスが崩れてしまいます。それで、全員との文通をやめて、幹部30人くらいに絞りました。

大量採用になると、全体会議や創業祭のときくらいしか社員の顔を見る機会がなくなりました。わたしは「社員の幸せのためにワタミが存在する」と常々言っています。それなのに、社員の顔が見えない。これはおかしなことです。

いちばん大事なのは、社員一人ひとりの心のあり方。ところがそれが見えなくなりました。これは怖いと感じたわたしは、採用数が年500人弱になった2006年くらいから従業員アンケートを取り始めました。

「社員の幸せって何？」

これを言葉にしたものが従業員アンケートです。

「5年後の夢はなんですか？」「将来の自分が輝いて見えていますか？」「上司の顔色をうかがわずに仕事ができていますか？」といったことを投げかける15項目です。これら一つひとつに答えてもらい、上司とのカウンセリングを受けてもらいます。

「こんな社員であってほしい」

「ワタミで働くことによって幸せになってほしい」

そんなわたしの想いがこめられたアンケートです。

共感してくれる仲間がいれば、何度でも再生できる

ワタミが1996年に株式を店頭公開し、高杉良《たかすぎりょう》さんの小説『青年社長』（ダイヤモンド社、1999年）が売れて、わたしはメディアに引っぱりだこになりました。

ワタミ従業員アンケート（一部抜粋）

一、目標・夢達成に向けて日々計画的に取り組んでいる。

一、五年後・十年後の社内外での自分の姿を肯定的に思い描ける。

一、自分の人間的な成長を実感できている。

一、ワタミ手帳を有効に活用できている。

一、自社開催の研修は充実しており肯定的に受け止めている。

一、「ありがとう」を頂ける仕事が出来てうれしいと感じている。

一、仕事の中で自分の存在感を実感できている。

一、上司の指導指示は的確であると感じている。

一、上司の顔色を見ないで信念ある仕事が出来ている。

一、上司から受けるカウンセリングは価値あるものになっている。

一、提出した課題レポートに的確なフィードバックを受けている。

一、改善の提案を受け入れてくれている。

一、当グループで働いていることを誇りに思っている。

一、理念が唯一の判断基準となっている。

一、今後一年以内の退社を考えている。

テレビのレギュラー番組を4本持っていた当時は、誰からも持てはやされ、批判や否定はいっさい耳に入ってきませんでした。

ところが参議院選挙に出馬すると、状況は一変しました。経営者という「私人」から政治家という「公人」になると、ブラック企業批判も含めて批判や否定の声が次々とわたしの耳に押し寄せてきたのです。

わたしが「地球上で一番たくさんの〝ありがとう〟を集めるグループになろう」という理念を掲げているのは、人が好きだからです。わたしは人間が大好きです。とくに、未来の子どもたちのためになることをやりたい。

しかし、あまりに激しく批判されたので、人が嫌いになりそうでした。「そんなに言うなら、人間嫌いになってやる」と日記に書いています。それでも嫌いになることはありませんでしたが。

経営者の皆さんも会社を経営していれば、多かれ少なかれまわりから批判されることもあるでしょう。そのとき、とにかく自分を見るべきです。自分を振り返るべきです。そのうえで、最後は自分自身が正しいと思うことを貫くべきです。

自分が正しいと思うことが、すべての人にとって正しいとはかぎりません。わたしは2003年、経営難に陥っていた郁文館学園（現・郁文館夢学園）の経営を引き継ぎました。外食事業は人を育てる教育そのもの。わたしは、教育にかかわることが夢でした。

わたしが理事長となって郁文館夢学園の組織を改革するとき、教職員に理念をぶつけました。「いい学校をつくろう」という総論は、みんなが賛成です。いざ各論になって自分事になると、「わたしはそこまで仕事をしたくない」「そこまで生徒に寄り添いたくない」と引いてしまう教職員が出てきました。それでもわたしは貫くわけです。

こうした状況は、介護事業で施設を買収したときも同じでした。

そうすると何が起きるでしょうか。学校も介護事業も、全体の3分の1くらいは退職という手段を取ってきます。考えが合わないから辞めるというのです。

多くの経営者は「3分の1も辞められたらつぶれる」と恐れます。辞められないように「それなら、ここまでの改革にするよ」と妥協するわけです。

わたしは絶対に妥協しません。俯瞰して見ると、3分の1が離れるのは怖くない。妥協して想いをもった3分の2の人たちが離れるのが会社にとってはいちばんのリスクなのです。筋道の通った論理で、強い想いを伝えれば、共感してくれた社員から同じ志をもつ人たちに広がり、事業の未来が大きく拓けていきます。強い組織が生まれます。

このやり方はワタミ黎明期の「つぼ八」時代に学びました。

「つぼ八」を13店舗運営していたとき、そのうちの7店がつぶれた「つぼ八」を買ったものでした。資金がなかったからです。つぶれた居酒屋にいた店員がどのような人材か、想像がつくでしょう。その店員たちに「お店はお客さまのためだけにある」という話をすることから始めると、彼らも賛成します。ところが具体的にこうしてほしいと話すと、「こんな店、辞めてやる」と、暗に自分たちが辞めると困るだろうと半ば脅すように主張してくるのです。

自分たちにとって都合のいいように物事を運ぼうとすれば、お客さまがないがしろになります。業績の悪いお店でも、今までのやり方に疑問をもっている社員もいるわけです。残った社員は、私たちのやり方を吸収し、ことごとく業績は回復し、13店舗で年間5億円の利益を出すまでに成長しました。お客さまのための店づくりが、社員のためにもなるのです。これが原体験になっています。

といっても、離れていく3分の1の人たちが間違っているのかといえば、そうではありません。彼らにとっての正しさもあるのです。正しいことは、ひとつではないのです。いくらでもあるのです。わたしの正しさとは、わたしの理念のこと。理念に良いも悪いもありません。それを貫いていくのが経営だと思っています。

ブラック企業批判に心が折れなかった理由

「ワタミは誰にとってもいい会社じゃないですよ。間違って入ってこないでください」

わたしは採用の際、そう繰り返し念を押します。ワタミの事業は決して楽な仕事ではありません。それでも入社してきてくれるのは、わたしが常に発している理念に共感してくれるからです。

ワタミとほぼ同時期に急成長した人材系ベンチャー企業がありました。その代表はわたしと同じようにベンチャーの旗手とメディアに持てはやされていました。その企業は東証一部に上場するまで成長しましたが、次々と不祥事を起こして経営破綻したのです。

その会社の事業の一部を買収するかどうか検討していたワタミは、相手企業の社内を調べていました。そのときにわかったのは、その会社では、不祥事が表面化すると、社員から一斉に代表ら幹部に対する批判の声が上がっていたこと。社員がみんな会社の悪口を言うわけです。なかには「渡邉さん、うちの会社を助けて」と言ってきた社員もいました。

ワタミの業績が落ちこんだ2014年〜2015年、部長や本部長といった幹部クラスの人材たちに、ほかの外食企業からヘッドハンティングの声が次々とかかっていたそうです。

ワタミの幹部たちが身につけた飲食業のノウハウを欲しい企業はたくさんあるのです。当然、今より良い待遇を提示されたことでしょう。ところが、そのほとんどが辞めずに今も幹部として活躍してくれています。

ブラック企業アナリストの新田龍《にったりょう》さんが第三者視点で著した『ワタミの失敗』（KADOKAWA、2016年）という本には、ワタミが業界平均より給与水準が高かった一方で、離職率は低かったことが記されています。

もし、2013年の段階で、ワタミの社員から「うちの会社が悪いんだ」「渡邉は悪いやつだ」という声が上がっていたら、わたしの心は折れていました。ワタミの理念に共感していること。これこそ、ワタミで働く最大の理由なのです。

倒産寸前でも、1人もクビにせず

わたしはこれまで誰1人として社員をクビにしたことはありません。過去には幹部に向かって「お前は、もうクビだ!」と厳しく叱責したことはあります。しかし、それはほんとうにお客さまの方向を向いて仕事をしてほしいという親心です。

ワタミは倒産寸前に追いこまれましたが、結果的に1人もリストラしませんでした。不採算店は閉めました。しかし、社員は絶対にクビにしない。どんなに業績が悪化しても、リストラという選択肢はワタミにはありません。

100億円以上の赤字に転落しながら、リストラせずにV字回復した企業は、もしかするとワタミのほかにはないかもしれません。

わたしは、たとえ個人資産を切り崩してでも、社員の給料は絶対に払うと決めています。社員は家族だと思っているからです。創業者が家長だとすれば、どんなことがあっても子どもたちを守るのは当然です。

そもそも、居食屋「和民」という業態が生まれたのは、社員を守るためでもありました。かつて運営していたお好み焼き宅配の「ＫＥＩ太」という業態。これを14店舗まで増やしました。景気が悪化し、お客さまがケータリングに出費を抑えるようになりました。業績に陰りが見え始めた時点で順次撤退し、そのときの社員の受け皿として「和民」をつくり上げたのです。

わたしにとって、事業よりも社員が優先です。「和民」は、社員を愛するがゆえに生まれた産物なのです。

もちろん、これまでにワタミを自ら去っていった社員はいます。わたしの熱量についていて来られずに辞める社員はワタミがまだ小さかったころからいました。

しかし、会社の成長スピードをその人たちに合わせるわけにはいきません。わたしの考えは、来る者は拒まず、去る者は追わず。「もう、この子は無理なんだな。でも、追いかけたらかわいそうだな」と思うから止めません。

ですから、わたしは送別会が嫌いです。わたしにとって社員は家族。家族が去っていくのに「頑張れよ」とは送り出せません。ほんとうはその社員はワタミにいたいのに、自分の限界を感じて辞めざるをえないならなおさらです。それなら静かに去らせてあげたほうがいい。

一方で、辞めていったものの、そのあとの人生がうまくいかず、「もう一度、働かせてください」とワタミに戻ってきた社員がたくさんいます。

多くの場合、出戻りは2階級下からの再スタートです。

ただ、ルールでそう決めているわけではありません。まわりの社員が「また同じポジションに戻るのか」と不満を感じることがないように、ふたつ下くらいのポジションから再スタートしてもらうのが慣例になっています。

ワタミには「ダイレクトフランチャイズ」という制度があります。これはワタミ社員の独立を支援する制度。これを使って独立した元社員が事業に失敗したとき、社員として戻すこともあります。

ただし、これは本来、やってはいけないことです。経営者とは自分の後ろに誰もいない、あとがない状況だからこそ、どんな危機でも果敢に戦い抜く気概、緊張感が生まれるものだからです。失敗してもワタミに戻れると思ったら、FCオーナーとしての踏ん張りが利かなくなってしまいます。

理屈ではわかっているものの、心では受け入れてしまう。論理を超えたものかもしれません。

「経営の現場に戻れ」という声

128億の赤字を出したとき、経営者の知り合いを含めて、わたしのまわりの人は9割以上が「国会議員を辞めたほうがいい」と言っていました。参議院議員会館のわたしの部屋に、毎日のようにそう言いに来る人がいたほどです。

しかし、まわりからなんと言われようと、国会議員を辞めてワタミに戻ろうとは思いませんでした。選挙では、10万人がわたしを選んでくれました。この10万人に対する責任を放棄するわけにはいかなかったからです。

わたしがワタミに戻れば、経営を立て直すのはそう難しいことではありませんでした。しかし、逆風を乗り越えて大きな成功を手にするためには、わたしは戻ってはいけないと思ったのです。

6年間議員を勤め上げなければいけない。勤め上げたうえで戻って、ブランドを含めてワタミをすべて立ち直らせていくというストーリーを頭の中に描いていました。もし戻ったら、「渡邉は選挙のときにあれだけのことを言っておきながら、自分の会社のほうが大事なのか」と嘲笑されるでしょう。わたしはその程度の器の人間だと見られます。わたしを信じてくれた人たちを裏切ることになります。経営危機を脱するという小さな成功だけで終わっていたはずです。

政治家をやって痛感したのは「世の中はすごく賢い」ということです。世間は理屈を超えて、空気感で物事を的確にとらえる面があります。あのときわたしが国会議員の職を投げうっていたら、世の中からの信用を一気に失っていたことでしょう。

もちろん、わたしは「ワタミに戻ったほうがいい」というまわりからのアドバイスをありがたいと思って聞いていました。

しかし、ゼロから資金をつくり、会社を立ち上げ、100億の利益を出すまでに育て、国会議員になり、128億の赤字を出してしまうという経験をした人が、ほかにいるでしょうか？

物事はその人の器でしか判断できません。わたしは、一体誰の話を聞けばいいのでしょうか。会社をつぶした人は数多い。「会社をつぶすと、ここが大変」という話ができる人はたくさんいます。しかし、わたしと同じ経験をした人はいないのです。

もちろん、過去から学ぶのは大切なことです。わたしは経営書を読みます。自分が知らない分野のことは、人に聞きます。

たとえば介護分野に参入するとき、介護に精通した女性に話を聞きました。その人とは今でも仲良しですが、介護の現実を洗いざらい聞きました。

創業者より贈る「10＋1箇条」

介護事業を売却して経営危機が一段落した2015年、わたしは「ワタミ経営危機にあたり、創業者より贈る『10＋1箇条』」というものを出しました。

危機を振り返って「こんなことに気をつけていれば、こんな問題は起きなかった」というものをまとめたのです。


わたしは企業経営でもっとも大切なのは理念だと思っています。しかし、経営理念は繰り返し発信しなければ、薄まってしまい、組織に浸透しきれません。

組織の大きさによりますが、創業者の想いは社員まで届かないと思ったほうがいい。何が届かないかといえば「熱」です。言霊、魂が届きません。


わたしが大事にしているのは、熱を届ける場を設定すること。定期的に全社員に向けて話す場を設けるほか、毎月全社員に向けて10分のビデオでメッセージを送ります。

それから毎月、グループ報には直筆のメッセージを載せます。分量にすると、2000文字くらい。国会議員だった6年間も、経営の現場からは離れていましたが、創業者としてグループ報とビデオレターを出しつづけました。

さらに、年2回の幹部研修会や全体会議、創業祭で熱を伝えています。

介護事業を売ったところで、会社はつぶれません。つぶれるとするならば、理念が薄まったとき。それがいちばん怖いのです。そこで「10＋1箇条」を役員に贈ったのです。以下に全文を載せます。

今、わたしの愛するワタミは厳しい再建の途中にある。

一昨年の49億円の赤字、昨年の128億円の赤字で自己資本比率は10％を切り、継続企業の前提に関する注記＝「この会社は存続が危ういですよと、公認会計士が決算報告書につけるもの」寸前にまで追い込まれた。介護売却というウルトラCにて、財務状況は優良企業並となったが、外食・宅食の戦い方次第では、まだまだ予断を許さない状況だ。

先日、中小企業経営者1000名を超える大きな講演会で話をした。今回は8年連続、8回目となる。わたしの発想は常に顧客思考。～もしわたしが聞く側の立場なら今年は「渡邉美樹」から何を聞きたいか～と考える。そこで今回は～なぜワタミはたった2年で優良企業から赤字企業に転落してしまったのか～その失敗を語ろうと決めた。わたしが都知事選に出てからのこの5年間のワタミを客観的に分析してその失敗の要因を「10＋1」にまとめ中小企業経営者の皆様の参考になればと話をさせてもらうことにした。講演を考えながらこの「10＋1」を一番伝えたい相手は「今」ワタミの再建に向けて戦っている同志であるワタミグループの一人一人の社員であると思っていた。

同志であるワタミグループの一人一人が、必ずやワタミを再建してくれると信じて、二度とこのような経営危機を経験してはならないという戒めと共に「10＋1」を皆に届けたいと思う。

まず「10＋1」を説明する前に「赤字転落」の責任はすべてわたしにあると明言しておく。理念集5・2・1「一億円の壺を渡せ」に書いてあるように、店も会社も引き継ぎの責任は渡す側にある。ワタミというとてつもなく貴重な壺を落したのは受け手の責任ではない。

「ワタミ経営危機にあたり創業者より贈る『10＋1箇条』上」ワタミグループ報　2016年3月号」

教訓一、経営者は危機感のかたまりであれ、安心するべからず

「危機感」こそが企業を存続させる。変えるべきものを変えなければ勝てるわけがない。変えてはならないもの＝理念。それは変えなかった。それゆえにまだ、ワタミには「明日」が残った。

教訓二、企業は生態系である。常に企業文化を見張れ

店でも営業所でも工場でも、それぞれの部署でもトップが替わるときには意識しなくてはならない。「思いは同じ」「めざすべき目標も同じ」その「方法も共有している」組織はその上でだれがリーダーなのか。そのリーダーの下では、どのような「文化」を持つことで、その組織はより強くなるのかを、見張らなければならない。今ワタミはわたしの「トップダウン型組織」から「ボトムアップ型」の組織に大きく変わろうとしている。

教訓三、「強さに滅びること」を忘れるべからず、常に競合から学べ

居酒屋の寿命が5年程度と言われるなか「和民」は20年居酒屋のリーディングブラ

ンドだった。「まだ大丈夫まだ大丈夫」と業態をひきずった。まるで「ゆであがるカエル」のように。もちろん手をこまねいていたばかりではない。ただふたつのことが欠けていた。ひとつは、他の競合店から学ぶ姿勢。学ぶは真似ぶである。他社のいいところを素直に学ぶ姿勢を持たねばならなかった。そして、クリエーターなど外部の力を使わなかったことも反省点。「天下のワタミが他の人の力を借りてたまるか」の自尊心が強すぎたのかもしれない。

もうひとつは「勝つまで戦わなかったこと」「あきらめたこと」和民の利益率と比較すると「やっぱり和民だな」と和民に戻ってしまっていた。

教訓四、短期間でPDCAサイクルをグルグル回せ

「夢に日付けを入れよう」これはワタミの相言葉だ。この意味はいついつまでにどうしても結果を出す。その為には短い期間で仮説を検証し結果が出ず、いついつまでに間に合わぬと判断すれば、その仮説=プランを練り直しチャレンジし直す。何度も何度も結果がでるまでそれを繰り返す。

この5年間外食の責任者は、宅食の責任者はその緊張感の中、お金を使っていたか。

油断すればするほどPDCAサイクルの期間は長くなる。「どうしても既存店前年比100％」「どうしても一食当りの獲得コストを前年より下げる」その思いがあれば結果は違っていたことだろう。

教訓五、常に投資対効果を意識せよ

ワタミが30年で100万分のひとけたの成功をしたのは投資に対するリターンを常に心掛けてきたからだ。しかしここでも大きな間違いを犯すことになる。ひとつは出店基準をクリアするために、本来お店の経費となるべき経費を本部に振り、お店の利益が出ているように見せる。会社全体としては全く違いはないのに。もうひとつは間接部門への投資、工場の稼働率はどんどん落ち工場の赤字はふくらむ一方。会社全体のROIは落ち続けた。なぜ、止まらなかったのか。残念でならない。会社にあるすべての資産は、グルグル回転しているか。この意識を全ての社員は持たねばならない。

教訓六、常に全体最適を意識せよ

全体最適とは、個々は少々損しても全体として最大の利益をとるといった考えである。手づくり厨房へは様々な業態から、様々な注文が結果として13種類のエビを仕入れ8種類の豚バラカット、1・3㎜、1・5㎜、1・8㎜分ける意味などない。ただだれもが隣りを意識せず、自分のことしか考えなかった結果、全体最適とは、懸け離れた著しく非効率な組織が出来上がってしまっていた。

教訓七、心を先に、頭を後に

ワタミは常に心が先の集団だった。こんな店をつくりたい。こんな老人ホームをつくりたい。こんなお弁当を届けたい。

もし、頭が先、心が後だったら、経営はなんてつまらないものになるのだろう。和民は手づくりで安全で安心でたくさんのメニューがあって季節感豊かな料理が安価で並ぶお店にしたかった。それは儲けの為でなく「もうひとつの家庭の食卓」をつくりたかったから。もし儲けだけを考えていたのなら間違いなく冷凍食品のオンパレードメニューにすれば、よかった。そこには儲かる儲からない以上に大切なものがあった。

頭の出番はその後「しかしお店は増やしたい。有機野菜を買っている場合じゃない「自社農場」で職人さんを雇っている場合じゃない「主婦のパートさん」にお願いして」心の「どうしても」を頭でカタチにしていくのが経営。

教訓八、1円にこだわれ

ワタミのスタートは高円寺の小さな居酒屋、そこで一滴の水に1本のおしぼりにこだわって営業したのが始まりだった。「お店はお客様の為に、会社は社員の為に」の思いのもと、1円にこだわってきた。1億6000万円も新しい皿の在庫があるにもかかわらず、また違う皿を大量に発注する放漫経営。1円へのこだわりをなくせば簡単に会社は潰れる。

教訓九、自己資本比率を見張れ

2008年からリースの会計基準が変更した。結果として介護ホームの30年分の家賃が負債となり会社の総資本が膨らんだ。一方2年連続の大赤字で、30年間コツコツと積み重ねてきた自己資本が大きく減少した。有価証券報告書には「継続企業の前提に関する事象」として公認会計士からのコメントが表記されてしまった。もっと緊張感があればその前に打つ手はいくつもあったはず。

そして介護売却へと追いこまれてしまった。「無念」以外の言葉が見つからない。ただ介護売却により総資本は小さくなり自己資本は大きくなった。結果として優良企業並みの財務になったことは「ワタミ頑張れ」の神様からのエールと思いたい。

教訓十、銀行との良好な関係を保て

上場からワタミは銀行から頼まれてお金を借りる会社となった。創業から上場まで頼んで頼んでわたしの生命保険の証書のコピーを差し出してようやくお金を借りてきた会社が。幸い今回の危機においてメイン銀行は逃げずに支援を約束してくれた。もし、メイン銀行が逃げていたらと思うとゾッとする。企業は好調な時ばかりじゃない。銀行に助けてもらわなくてはならない時もある。いい時も悪い時も、常に、銀行と誠実に向き合うことが大切。

教訓プラス一、社員の幸せこそ全てである

もっともっと一人一人の社員に寄り添え。

今回の経営危機は、これら10の経営の失敗にワタミの企業ブランドのダメージが重

なったことで、より深刻なものとなった。ワタミの「幸せ観」「働くことに対する考え方」を含む理念は一切間違いはない。一切変えるべきことはない。ただ、今回のブランド・ダメージももっともっと一人一人の社員に寄り添っていれば防げたと悔やまれる。一人一人の社員の幸せをもっともっと追究していれば防げたと、悔やまれる。

そこでプラス一の教訓とした。

過ちを改めざる。これを過ちという（論語・術霊公）間違ってそのことに気づきながら、それを改めようとしないことこそ真の間違いだ。してしまったことは仕方ない。「過去」にクヨクヨしても何の意味もない。「未来」と「自分」は変えられる。同じ間違いを繰り返さず、前へ進めばよい。

「ワタミ経営危機にあたり創業者より贈る『10＋1箇条』中」ワタミグループ報2016年4月日号
「ワタミ経営危機にあたり創業者より贈る『10＋1箇条』下」ワタミグループ報2016年5月日号

以上、少し長くなりましたが、「10＋1箇条」についての説明をさせていただきました。

わたしは起こることはすべて必然で、必要で、いちばん良いことと信じています。

ワタミという法人にとって、この2015年の経営危機もそうであったと思います。100年企業となったとき「第二の創業のあの経営危機があったから」と未来の経営陣は語るに違いありません。

この2015年の「ワタミ経営危機にあたり創業者より贈る『10＋1箇条』」を額に入れて現役員に配らせてもらいました。二度と同じ過ちを犯してはいけないという思いをこめて。

一つひとつの課題にトドメを刺す

ワタミが危機だからといって、わたしは政治家としての政治活動もあり、郁文館夢学園の理事長としての仕事、3つの公益法人も持っていました。今も昔も、二足どころか三足も四足もわらじを履き替えて活動しています。

それほど多くの仕事を、頭の中でどう整理しているのかよく聞かれます。

答えは簡単です。整理しない。すべて忘れてしまうのです。

茨城県東海村に原発視察に行っているときは、ワタミのことも郁文館のことも完全に忘れています。その代わり、目の前の課題に対して、一つひとつ必ずトドメを刺していくようにしています。

たとえば役員会や経営会議で「こういう形で問題を解決するために、2週間後にこういうレポートを出しなさい」といつまでに何をするか、しっかりと期限を切る。そのあとはわたしが忘れても、指示された本人は覚えているわけです。

まず、未来のあるべき姿、目標を設定する。

それに対して、わたしが何もしなくても、担当者がその2週間で課題解決に向けて動いているようにするわけです。わたし自身は、2週間後にもう一度、その担当者と会って、報告を受ければいいだけ。すでに担当者が前へ進めているわけですから。

ただし、たくさんの組織を動かしているわたしは「ここはもう大丈夫」「ここは大丈夫」と1日3回くらい「大丈夫確認」をします。「1週間後にこの報告あるよな、だから大丈夫」「学校はこれが問題だったな。今、こうやって動いている。だから大丈夫」といった具合に。

そのとき、ふと心配になることがあります。「あいつ今、気が滅入っているな。1週間後の計画がうまくいかないかもな」と。そのとき、わたしは本人に「あと一歩だから頑張れよ」とメールを入れます。役員に「お前から励ましておいてくれよ」と伝えることもあります。激励の仕方はケース・バイ・ケースですが、一つひとつの課題に対してトドメを刺すことで、物事が前へ進んでいきます。「創業者より贈る『10＋1箇条』」もわたしにとってはトドメのひとつでした。

こんなふうに四六時中、モノを考えているので「神経がすり減りませんか?」「オーバーワークになりませんか?」と聞かれることもたくさんあります。

わたしにとって、経営は癒やしなのです。わたしにとって、経営もゴルフも山登りもすべて一緒。遊びです。これは不真面目に取り組むという意味ではありません。楽しいからゴルフを真剣にプレーするのと同じように、楽しいから真剣に経営をしています。

ゴルフでは「ここでパットを外したくない」と思っても外れることがあります。そのとき、「次はこう打ってみよう」と創意工夫するから面白い。

経営をしていても、すごく悔しかったり残念だったりすることがあります。これらはすべてわたしの中では同じことです。経営というものがつらいものだと考えている人がいるかもしれません。わたしは、経営がつらいと思ったことは一度もありません。

うまくいかないことはたくさんある。失敗したら、次の手を考えて、工夫して、ふたたび挑戦すればいいのです。

ブレない経営者は未来の想像力を持っている

わたしが夕食で都内の「ミライザカ」に立ち寄ると聞きつけた邦晃と経理部門の責任者が、青い顔をして店の前に立っていました。

「どうした？　お前ら」

「話があります。もう無理です。限界です。今日、銀行から融資を引き揚げると言われました」

「もうつぶれる」という銀行の話に、2人は気が気ではない様子。

「無理じゃないから安心しろ。絶対大丈夫だ」

そう言って、店の中に入ると、次から次へと不安を口にします。

「取引先も3分の1のお金を先に納めないと納品してくれないと言っているんです」

「そんな業者は切れ。心配するな。風評に乗って、そんなことを言ってくる会社とは取引しない」

「いいんですか？」

「いいんだ」


2人が悲壮感を漂わせて経営危機について話しているさなか、わたしは料理を食べながら「もうちょい味つけ、薄くしたほうがいいかもな」「これ、ワンサイズ大きくできたらいいな」と意見していました。

邦晃も経理部門の責任者も最初は、とうとう会社を清算するしかないと絶望的な心境だったようです。しかし、わたしが当たり前のように料理の指摘をする姿を見て、不思議がりながら安心したそうです。

「ワタミはつぶれない……かもしれない⁉」

経営に答えはありません。経営者にはいろんなタイプがあるのです。それによって、求められる力は異なります。

ただし、どんなタイプの経営者にとっても大事な力があります。それは「想像力」です。未来を想像する力です。

向こう側が見えていれば、今がどんな状況でも右往左往しなくなります。「2年後にはここまで持っていく」という見通しがあれば、「この1週間でここまで行けば大丈夫。ここで、こういうふうにトドメを刺そう。1週間後にこういう形で確認しよう」と流れをつくっていけます。

このときのワタミは、いざとなったら介護事業の売却という選択肢がありました。打つべき手を計算しきっているから、状況に惑わされずに最良の選択ができます。

そのためには、将来あるべき姿を常に描くことです。将来あるべき姿から逆算して今の計画が出来上がる。先が見えているから安心できるわけです。

わたしは小学校3年生から日記を書いています。1年の終わりにパラパラとめくるくらいで、読み返すことはめったにないのですが、この本をまとめるために、空いた時間に日記を見返してみました。すると、面白いことに自分が思い描いたとおりの人生になっているのです。

余談ですが、邦晃と経理部門の責任者が押しかけてきた日も「2人が来た」と一行しか書いていません。ほんとうにたいした問題ではないと思っていたのです。

わたしは「こうしていこう」「こうなる」ということを繰り返し日記に書いています。「半年後にはこうなる」と書いたことが、ほんとうにそうなっているのです。

思っただけで行動しなければ、それが実現するはずはありません。しかし、そもそも思っていないことは実現しようがありません。

「自分の会社をこうしたいんだ!」と思いつづけて行動すれば、ほんとうにそうなっていくのです。

先をイメージするといっても、独りよがりでは意味がありません。時代の流れ。競合との関係。自分が持っている経営資源。さまざまなものをトータルで考えて、はじめて定まってくるわけです。

世の中の動きと自分の想い。この両方を併せて想像すれば、実現可能なビジョンが見えてきます。

独りよがりにならないためにいろいろな方法があると思いますが、わたしは毎晩、20分間〜30分間、本を読みます。経営危機のときも、毎晩歴史小説を読んでいました。

面白いのは何千年経っても、人間の本質は変わらないと実感することです。変わったことはスマホを使えるか使えないか、A地点からB地点まで速く行けるようになったかどうかというようなことだけ。人間の喜怒哀楽や煩悩は何も変わっていません。

人間というものを知りたいと思ったら、歴史に学ぶのがいちばんだとわたしは思います。

第4章

ワタミモデル

社員とその家族を守るために

この章では、経営者の皆さんが日本の財政破綻を乗り越えるひとつの出口戦略として、ワタミの経営モデル（ワタミモデル）を提示します。経営の視座を高める参考にしてください。

2019年6月24日。奇しくも佐川急便のセールスドライバーの面接を受けたときと同じくダークブルーのスーツに身を包んで、わたしはワタミの株主総会の壇上に立っていました。

前章で述べたとおり、投資の失敗、業態「和民」の衰退、ブラック企業批判といったさまざまな要因によって、ワタミは危機的状況に陥りました。

創業者としていちばんのジレンマは、会社の将来を自らの中にイメージできなかったことです。もしわたしが参議院議員にならなければ、大規模投資にブレーキをかけられたかもしれませんし、客観的に見て対策を講じられたかもしれません。

承継したときには「当面はこれで大丈夫だ」という経営体制を確立していましたし、実際に過去最高益も出ていました（2013年）。

ところが、神の見えざる手に引かれるかのように、さまざまな問題が噴出し、逆風が吹き荒れるなかでも、自分が中に入って陣頭指揮を執ることはできませんでした。

29年間経営をしてきて直面した課題を解決するために、6年間を国会議員として活動し、ちょうど還暦を迎えます。

ふたたびワタミに戻り、ここからあと29年間で、さまざまな社会問題を解決するモデル企業をつくってやろうではないか。株主さま、お客さま、従業員、お取引先さま。すべての皆さんを今より幸せにし、今よりたくさんの「ありがとう」を集めようではないか。

わたしの夢は膨らみ、ふたたび経営の舞台に戻ることを決めました。まさに経営者としての折り返し地点。これからSDGs日本一の企業づくり、ワタミモデルの確立をめざしていきます。

経営現場に復帰すると決断して、最初に決めたことが現場のお店や工場巡りです。経営者としていちばん恐いのは社員の幸せの顔が見えなくなることです。

ブラック企業批判が起こったころから、社員の幸せの形が見えづらくなってきているのではないかと感じていました。

給料を上げたり、休みを増やしたりすることはもちろん重要です。しかし、社員を幸せにするためにもっとも大切なことは、「どんな仕事をしてくれているのか」「毎日楽しく働いてくれているか」「将来の夢を追いかけているか」「仕事を通じて成長しているか」「仕事で無理をしていないか」、一人ひとりの顔を見て、一人ひとりの心のあり方がどうなっているかを考え、寄り添うことです。

経営者として社員が何を考えているのか教えてほしい、社員の心と向き合いたいという思いから全国をまわり始めました。

最初の訪問地は山口県の「ワタミ手づくり」厨房岩国センター。そこで最初に掛けてもらった一言に、胸が熱くなりました。

「渡邉代表、おかえりなさい！」

「和民」は主婦の皆さんに、手づくりで仕込みをお願いしていました。その文化を今は、「手づくり厨房」という形で引き継いでいます。主婦やシングルマザーの力は偉大です。みんなの挨拶で「ワタミに帰ってきたんだな」と心から実感しました。

2019年7月6日、関西の経営説明会で、約1500名の株主様を前に報告をしました。皆さんからの賛成承認の拍手に感謝し、その後、障がいのある従業員の親御さんとの保護者会を開きました。

「何かお困りなことはないですか？」

工場の保護者会に来たある親御さんは涙ながらに語ってくださいました。

「うちの子を雇っていただき、ありがとうございます。ワタミ以外、ほかに働く場所はないですから……」

「障がいがあって、職を転々としていました。ワタミに入って自分のお給料で生活が成り立つようになりました。ありがとうございました」

ワタミの障がい者雇用率は、4・88％（法定雇用率2・2％）。人は誰もが「それぞれの美しい資質」を持っています。人は、その資質を磨き高めるために生まれてきた」というのがわたしの考えです。ワタミの社員たちには、ワタミの仕事を通じてその資質を磨いてほしいと願っています。

一人ひとりが紡ぐワタミ物語がワタミという企業体を形づくっているのです。ですから、たとえ日本が財政破綻しても、わたしには社員たちの未来を守る責任がありま す。経営者の最大の使命は会社をつぶさないこと。

もちろん、ワタミが日本の財政破綻に100％備えられているかといえば、そんなことはありません。今、一生懸命に準備している真っ只中です。

ワタミの「語り部」をつくりたい

ワタミの経営に戻って地方をまわり始めて、実感したことがあります。それは、わたしのトップダウン型ではない経営がワタミに根づいてきていること。現場でみんなが考えてくれています。みんなが明るい。みんなが生き生きしている。みんながワタミのことを好きでいてくれています。

現場で一生懸命に働いている社員たちを見て、確信しました。私たち経営陣が戦略を誤らなければ、もう一度、このワタミという会社は大化けするということを。


大阪で「ミライザカ」本町店を訪れたときのこと。26歳の女性店長が売上記録を更新しつづけていました。彼女のお店は繁盛店ですから、すぐに満席になってしまいます。お客さまがお見えになって、満席だとわかると入口できびすを返します。しかし、彼女はそこであきらめません。地下のお店からお客さまを追い掛けて階段を駆け上がり、「すぐに空くので待ってください！」と食い下がるそうです。

この話を聞いたとき、35年前の自分を思い出してうれしくなりました。わたしが最初に経営した「つぼ八」は地下1階でした。いつも満席。ご来店されたお客さまが扉を開けてのぞきこんで、満席だとわかると階段を上がっていこうとします。すかさずわたしが追い掛けていって声を掛けるのです。

「○○さん、ちょっと待って！　あと5分」

「店長、もう、それぱっかりだから」

「すぐに空きますから！」

お客さまがお待ちのあいだ、ビールをサービスしたものです。結局、30分くらいお待たせして入っていただいたこともしばしば。あの階段の追っ掛けっこ、ほんとうに楽しいものでした。

あのときのわたしと同じことを今、26歳の女性店長がしているではありませんか。こんなにうれしいことはありません。こうした社員がいることこそ、ワタミならではの強さなのです。


経営にとっていちばん大事なものは理念です。いくら良い戦略を立てても、それを実現させる土壌がなければ会社は成長しません。理念さえあれば何度でも経営をやり直すことができます。理念を共有する2000人の社員こそ、ワタミの最大の経営資源です。このことを改めて実感できました。

これからのワタミの人材育成のポイントは、ワタミの社員を「語り部」にすること。

ワタミがどんな物語を語り継いでいくのか。そのとき、物語を創る人も必要ですが、それを語って伝える人も必要です。社員全員が語って伝えていく。そんな物語をみんなで創っていきたい。

たとえばお店で野菜サラダをお客さまにお出しするとき、「ワタミファームのこういう農場で、こういう思いで、こうやって育てた野菜です」と語れるかどうか。これが大切です。

正しい道ではなく「行く道」を決める

経営の難しさとは何か？「解がひとつではない」ことです。正しいことはひとつやふたつではなく、それこそ1000も2000もあります。

たとえば海外進出するとき、「市場の将来性がある中国に進出すべきだ」という意見もあれば、「中国はリスクが高いので東南アジアにすべきだ」という意見もある。「こうしたほうがいい」「ああしたほうがいい」といろいろな意見があるに決まっています。

しかし、経営は実際にやってみないとわからないことばかり。大切なのは、経営者が「この道を行くぞ！」と示すこと。すなわち、指針を出して、しないことを決めることなのです。正しい道なんていくらでもあるのですから。

わたしは経営に復帰するにあたって、「新しいワタミ物語」を始めるための指針を役員たちに提案しました。

このワタミ物語を示すなかで20年振りに理念にも手を入れました。これを土台に「目標とすべき経営指標」「事業方針」を新指針として打ち出しました。

国会議員になる前のわたしなら、ワタミの物語をすべて自分で書いていました。「物語はこうだよ。これに各事業責任者が数字を乗せろ」と指示していたのです。

しかし今は違います。１００年企業になるためには、一人ひとりが考える、自立する、自発的に行動するという文化が不可欠。わたしは、それぞれの物語の一行だけを書きました。このあとの物語を書くのは一人ひとりの社員です。わたしが示した夢は、一人ひとりが描くワタミ物語によって実現されるのです。

ワタミ物語　創業35年　100年企業に向かって

過去は変えられぬ
未来と自社は変えられる
全てを受け入れ、大いなる反省と共に
新しくワタミ物語を始めよう

わたしたちが紡ぐ物語の始まり

わたしたちは　有機の土をつくり、有機の作物を育てる
わたしたちは　生産性高く、安全安心な食品を加工する
わたしたちは　笑顔とともに、圧倒的に価値の高い商品を提供する
わたしたちは　高齢者の方々の生活を支え、
おいしく健康のためのお弁当をまごころとともに届ける
わたしたちは　未来の子どもたちのために、
美しい地球を美しいままに残すべく、環境と向き合う
わたしたちは　未来の子どもたちに恥ずかしくないように
自然エネルギーをつかい普及させる
わたしたちは　開発途上国の子どもたちの幸せに関わる
わたしたちは　森を育て、循環型社会を実現する
わたしたちは　素敵な奇跡を起こす「夢」を応援し、
わたしたち自ら「夢」を追い、「夢」を叶える
わたしたちは　日本の食文化を世界に広げる

一人一人の社員が、これらの物語を紡ぐなかで、
物心両面の幸せが実現する
ワタミはそんな集団でありたい

わたしは幹部を集めてこう伝えました。

「行き先と行く道は決めた。どんな船に乗るのか、誰を乗せていくのか、自分たちで（戦術を）考えてみろ。期限は1ヵ月だ」

今までわたしも試したことがないアプローチです。たとえわたしの中に答えがあっても、わたしがすべて決めることはしません。自分で答えを出すのをがまんしています。自分自身に「がまんしろ」と言い聞かせています。

どんな物語が生まれるのか、楽しみにしています。発表当日の幹部たちのあわてふためく姿を見ると、彼らが想定していた以上に大きな夢だったのかもしれませんが。

鳥の目と虫の目

わたしが新方針を示したときに、幹部たちからは悲鳴が上がりました。

「見えないところが多すぎます。1ヵ月ではとても足りません！」

第3章で触れましたが、経営者にとっていちばん大事なのは「想像力」。「どんな世界をつくりたいか?」を想像する力が欠かせません。

今回の新指針でも「わたしたちがつくる物語はなんだ?」「どんな物語をつくっていきたいんだ?」という問いを立てました。

もちろん中長期経営計画も策定します。しかし、それだけではどうしても「5年後には売上がいくら、利益がいくら……」という発想になってしまいます。

今あるものに対して、新しいものを追加していく。1に対して、0・1を足して1・1に、さらに0・1を足して1・2にしていく。世の中の会社の99%がこうした足し算式の経営でしょう。

わたしの発想は逆です。まずは鳥の目で大きな物語を描く。そこから逆算して中長期計画を立てて、虫の目で数字を乗せていく。これが経営者に求められる力だと思います。

海外展開を例に取ると、40店舗を100店舗に増やすという発想では、40が41、42、

43と増えていくだけです。これに対して、わたしの場合、既存の40店舗をベースにしません。

日本は財政破綻する。海外のマーケット開拓を進めていかねばならない。ワタミは海外でどのくらいの「ありがとう」を集めているだろうか？　そのときに売上は1000億くらいにはなっているだろう……。

現状からの道筋ではなく、ゴールから逆算したら、今の40店舗なんてなくなってもいいわけです。現状をすべて否定したっていい。

虫の目で、各店舗の細かい数字を見なければいけません。これを見なければ、会社は絶対につぶれてしまいます。一方で、鳥の目で上空から会社を俯瞰して、大きな絵を描かなければなりません。

わたしが提唱しつづけている「夢に日付を！」は、鳥の目を持つための手段でもあるのです。夢に日付を入れさえすれば、自ずと夢から逆算して物事を見るようになるからです。

財政破綻に2段階で備える

それでは、日本の財政破綻に備えて、どんな準備をしておけばいいのでしょうか？前提として押さえておきたいのが、財政破綻するといっても、日本人全員が生きていけなくなるわけではないということです。

第1章で触れた韓国やギリシャといった財政破綻を経験した国でも、さまざまな困難はあるにせよ、人々はたくましく生きています。私たちの日常生活も続いていきます。

とりわけ日本は世界屈指の経済大国。日本がつぶれるようなことがあれば、世界経済に及ぼす影響があまりに大きい。国際通貨基金（ＩＭＦ）だけでは日本を守ることはできないでしょう。世界に負の連鎖を引き起こさないために、世界の国々が一丸となって日本を支えようとすることでしょう。

それでも、今までの生活がそのまま続くというわけにはいきません。夕張市のように、国に管理されることで、図書館、美術館、屋内プール、球場、公衆トイレ、子育て支援センター等はどんどん閉鎖され、医者を雇えないから総合病院は診療所に変わるでしょう。インフラはどんどん小さくなっていきます。日本政府がＩＭＦに置き換わるだけで、日本も財政破綻すれば同じ構図になるでしょう。

過去に財政破綻した国を教訓にすると、このまま日本政府が多額の債務を放置すれば、①金利の上昇、②円安、③物価の上昇が進むでしょう。それは、すでに国内外のさまざまな有識者が警告していることです。

ＧＤＰの２００％を超える債務がありながらこのまま有効な財政再建策を打ち出せなければ、信用低下によっていずれ金利は上昇します。日本は１０００兆円を超える債務を抱えているため、わずかな金利上昇でも、国の利払費は大きく増えてしまいます。利払費による支出増は新たな債務を増やし、更なる信用低下を招き、金利はさらに上昇し……という負のスパイラルに陥ってしまうのです。

そうなれば当然、円の信用は失われ、円安が進行します。円の価値が下がれば、物価は当然、上昇します。つまり、①金利の上昇、②大幅な円安、③物価の上昇が悪循環によって止められなくなるのです。

円安になれば、当然輸入品がものすごく高くなってしまう。エネルギーも食糧も物価は上がる。けれども、個人の収入は増えない。当然、消費は冷えこみます。

そのとき、今の会社は成り立つでしょうか？　どのような備えをしておけるのでしょうか？　この3つの条件のもと、自分の仕事や会社がどうなるかをシミュレーションすればいいのです。


円での蓄えがあっても、インフレで価値は3分の1になってしまうかもしれません。とくに補助金頼みの経営をしているところは苦しくなります。補助金が今の3分の1の価値になっても維持できるモデルをつくるべきです。郁文館夢学園ではすでにそのシミュレーションをしています。


円安になれば、仕入れコストがかさんで輸入産業の会社は大打撃を被ります。今から輸入品から国産品にいかに切り替えていくかを考えていかねばなりません。

逆に、日本の財政破綻がビジネス上はプラスに働く可能性が高い業界があります。

それは輸出産業です。円安になるので、輸出に有利になります。自社の商品が国内向け8割、輸出2割だとしたら、輸出の割合をどうやって増やしていくかを考えるべきでしょう。

ワタミグループが有機農業を手がけているのは、海外輸出が前提です。これまで日本の有機農業でつくったものは世界市場ではコスト高でした。海外に持っていってもほんの一部の富裕層が買ってくれるだけで、ビジネスにはなりませんでした。円安が進めば、海外で勝負できます。ワタミグループの有機農業にとっては輸出チャンスが高まると考えて、海外に口座をつくらせています。今は取引額が小さくても、円安になったとき一気に海外の売り場を広げられます。

外食業や小売業にとっては、インバウンドのチャンスが広がるのは間違いありません。ただでさえ近年はインバウンド需要は増えています。円の価値が3分の1になれば、単純にインバウンド需要が3倍になる可能性すらあるのです。

日本がデフォルトすると多くの人が苦しみますから、それをチャンスと表現するのははばかられます。しかし、経営とは「変化対応業」。

日本が財政破綻しようがしまいが、お客さまのニーズや社会の変化に応じて、仕組みや商品・サービスを変えていくのが経営者の仕事です。「円安になりました、だからアウト」「インフレになったのでもうダメ」では生き残れません。不謹慎かもしれませんが、財政破綻をチャンスだととらえて前に進んでいくしかありません。

「攻めの経営」をするのは当たり前。なおかつ近い将来、日本の財政破綻という大きな〝災害〟が起きるわけです。備えるためには、新しく経営計画を練り直すべきです。これまでの経営計画が1段目だとしたら、財政破綻を想定した2段目も構想しておくのです。

財政破綻に2段で備えた計画を立てましょう。

なぜ7割の中小企業が赤字なのか？

「そもそも今だって赤字なんです。財政破綻がどうだって言われても、目の前の経営で手一杯です」

こうおっしゃる経営者の方もいるでしょう。日本の中小企業は約7割が赤字です。

「どうしたら赤字から抜け出せますか？」

よく聞かれる質問です。はっきり言って、経営者が赤字でいいと思っているから赤字になっているケースが多いように思います。たとえば、赤字決算と黒字決算を毎年交互に繰り返せば、支払う税金を抑えつつ、銀行からの信用も失わずに済みます。経営者は税金を払いたくないがために、会計年度末になると無駄なものを買ったり、接待交際費を無理に使ったりするわけです。

税金はどんどん払ったほうがいい。税金を払わずして自己資本は増えません。利益を大いに増やして、その中から税金を払って、はじめてバランスシートの右下の自己資本が増えるのです。

企業の強さを左右するのは、この自己資本の厚さです。税金は必要経費だと考えたほうがいい。節税できるものは節税するにしても、税金を払いたくないから赤字にするという経営は間違っています。

わたし自身、これまで意図的に赤字決算にしたことは一度たりともありません。これは価値観の問題です。そんなことをしても、なんの意味もないと思います。

なぜ会社をつくったのか？

その会社が存在する意義は何か？

こうしたことに照らし合わせて考えたら、わざと赤字にすることがいかに愚かなことかわかるはずです。

もちろん、意図的ではなくても赤字になってしまっている企業もあるでしょう。

・競合との差別化ができなくなってきた
・業界の市場規模が小さくなってしまった
・円安で仕入れが高くなった、円高でモノが売れなくなった

・代替品が生まれて顧客が離れてしまった
・新たな業者が参入してきた

さまざまな競争要因が考えられます。苦境に陥ったときは「負けるストーリー」を描いてしまいがちです。大切なのは「勝つストーリー」を常にもっているかどうか。これがないから、負けるストーリーを考えてしまうのです。

なぜ「勝つストーリー」が見えないのか。それは危機の起きる理由、問題の本質を理解していないからです。

ワタミが昔、お好み焼き専門店「唐変木」とお好み焼き宅配「ＫＥＩ太」27店をすべて撤退したのは、今をベースにしていないからできたことでした。「ＫＥＩ太」は深刻な業績だったわけではありません。繁盛店もありました。普通なら、この27店舗をどう守るかを考えるでしょう。しかし、この27店と付き合っていたら、黒字と赤字の繰り返し。つぶれはしなくても、大きな成長は見込めませんでした。

わたしが登ろうとしていたのは高い高い大きな山。そのためには、そこそこの現状は捨てるべきだと判断しました。だから27店舗をつぶして、その受け皿として「和民」をつくったのです。

もし、あのときわたしが27店舗をつぶすと決断していなかったら、今のワタミは生まれていません。


私たちが運営していた「つぼ八」13店舗を「和民」に変えたのも同じ発想です。「つぼ八」は一店舗当たり月300万円の利益を出していて絶好調でした。13店舗で年間5億円の利益を叩き出していたのです。

FC加盟店として「つぼ八」にお世話になってきたのだから、この13店舗を残しつつ、ファミリーレストランと居酒屋の中間である「居食屋」という新業態「和民」を立ち上げました。「つぼ八」本部の許可を取って開業しましたが、同じ地域にあった他社の「つぼ八」の売上が落ちたことから本部の逆鱗に触れたのです。「『つぼ八』13店舗をやめるのか、『和民』をやめるか、どちらかを選べ」と迫られました。

「和民」は300万円の赤字、「つぼ八」は5億円の利益。誰が考えても「つぼ八」13店舗を残すでしょう。

しかし、わたしは儲かっている「つぼ八」を捨てて、赤字の「和民」を取りました。

これは経営者としての最大の決断だったと各所で語っています。

その後、「つぼ八」の繁盛店にしがみ付いていたFC加盟の会社の多くがつぶれました。まさにゆで上がるカエル状態だったのです。「まだ大丈夫だろう、今がいいから大丈夫だろう」と思っているうちに、取り返すことのできない大きな危機に呑みこまれてしまいました。

この話を聞いて、ピンとくるものがありますよね？

そう、前に紹介した夕張市そのものです。元々炭鉱で栄えた町が、右肩下がりで少子高齢化という大きな流れに手を打たず、炭鉱の組合票を背負った議員の主張を通しつづけた結果、間違った対応をしてしまった。

これは日本の現状です。日本も今、大衆迎合型の政治をして借金をつづけています。アベノミクスによって国債をばらまき、デフレからインフレになった瞬間、本気で規制緩和し、本気で国自体を変えていけば成長軌道にもう一度乗ることができました。

しかし、既得権益を守ることに終始する今の姿はまさに「ゆで上がるカエル状態」。毎日896億円の借金を膨らませつづけているのは第1章で述べたとおりです。

危機感をもって、何が起こりうるのかを想定し、対策を練る。このときに下す経営的な決断を、わたしは誰かに相談したことは一度もありません。なぜなら、誰よりも深く考えて答えを出しているからです。そのとき、常識的に考えたら、わたしの判断はおかしいと思われるでしょう。相談すれば十中八九反対されます。

しかし、常に危機意識を持って10年後に勝つストーリーを描きつづけたからこそ、今のワタミがあるのです。

セブン-イレブンやアマゾンにできないことしかやらない

わたしがワタミを率いていた時代、「なんでこの店、売上が落ちたの?」と聞くと、「隣にセブン-イレブンができました」という答えが返ってくることがありました。「和民」だと2000円かかるものが、セブン-イレブンでお酒やおつまみを買って家で飲めば1000円ですむわけです。

それならこの1000円の差をどうやって埋めるのか。これを真剣に追求していかないと、2000円対1000円という価格だけでは勝てるわけがありません。

プライベートブランドの開発力や商品調達力。こうした面ではセブン-イレブンには太刀打ちできません。そもそもつくる商品の数が違うからです。ワタミの外食事業において、セブン-イレブンは強力な競合です。


片やアマゾンは、すでに冷凍おかず等の宅配を始めています。「ワタミの宅食」にとってのライバルなのです。ネットを通してモノを売るという切り口ではアマゾンと勝負になりません。


セブン-イレブンの土俵に上がったら、セブン-イレブン以上の価値はつくれない。アマゾンの土俵に上ったら、アマゾン以上の価値はつくれない。では、どうしたらいいのか？

ワタミの強みは「人」です。ワタミは過去に大きな問題を起こしました。しかし、絶対に人から逃げない。これからも積極的に人を雇用していきます。

普通に考えたら、「これからは省力化のお店をつくりましょう」「全部機械化していきましょう」という方向性を打ち出すでしょう。しかし、それは私たちの理念に反します。人という付加価値を乗せることによって、商品やサービスの質を高める。これこそ、セブン-イレブンやアマゾンにはできない私たちらしい価値の創造であり、ワタミが生き残るための戦略の柱になります。

わたしは社員が300人になるまで毎月一人ひとりと文通をしていたと述べました。今でも毎月グループ報を書いたり、ビデオレターを出したり、年に数回は全社会議と創業祭で全社員に直接メッセージを伝える場を設けています。

事業を売却しても会社はつぶれません。つぶれるのは理念が薄まったときです。社長から役員、中間管理職、店長、現場スタッフと、意思決定が下りていくときに、経営者の熱は末端まで届かないと思ったほうがいいです。何が届かないか？　言霊です。魂が届かない。だから、理念を繰り返し、繰り返し、伝えつづけるのです。

経営者が本気になって想いを届けよう、社員のことを見ようと思ったら100人までは直接見られます。そのまわりも含めて300人までは把握できるでしょう。

それ以上になれば、同じ熱量を持って、これまでと同じ成長曲線で事業を成長させることはできなくなります。そこはある意味ではそれぞれが創業者とは違うと開き直り、想いとビジネスモデルを承継しつつ、会社という生き物が違う生き物になっても、持続可能な仕組みづくりをしていかなければなりません。

儲けることが、社会貢献に近づく時代

持続可能性は、間違いなくこれから時代の潮流となるキーワードです。

CSR（企業の社会的責任）という考え方は日本でも広く浸透しました。しかし、お金を集めて寄付する時代は過去のものになりつつあります。

21世紀はCSV（共通価値の創造）経営の時代。これは、収益を上げる事業そのものが、社会の問題解決につながっているという考え方です。

SDGs（持続可能な開発目標＝Sustainable Development Goals）というものがあります。これは、国連サミットで採択されたもので、2030年までの達成目標です。

SDGsの17項目は、まさにCSVの切り口です。各国グローバル企業はSDGsを合言葉として、各々の分野で指標をつくり、達成に取り組んでいます。

お客さまがその会社の商品を買うことによって、社会貢献に参加しているような、気持ち良さを味わえること。お客さまがその会社の商品を買うことによって、社会に貢献している会社の活動を応援していると思えること。こうしたお客さまと会社との信頼関係を育んでいくような時代になるのです。

つまり、これからSDGsを無視してはどんな事業も成り立たなくなると考えたほうがいい。SDGsを念頭に置いて事業方針や戦略を立てるべき時代になりました。

わたしは実践経営塾でも「あなたの仕事は、どんな社会問題を解決するのですか？」と繰り返し質問します。「あなたは儲けたお金でどんな社会貢献をするのですか？」と聞いているわけではないのです。

今後、儲けるということが、社会に貢献することともっと近づいていく時代になっていくはずです。いずれは、儲けることと社会に貢献することは別ではなくて、イコールという時代がやって来ると思います。

SDGs

1 貧困をなくそう

2 飢餓をゼロに

3 すべての人に健康と福祉を

4 質の高い教育をみんなに

5 ジェンダー平等を実現しよう

6 安全な水とトイレを世界中に

7 エネルギーをみんなにそしてクリーンに

8 働きがいも経済成長も

9 産業と技術革新の基盤をつくろう

10 人や国の不平等をなくそう

11 住み続けられるまちづくりを

12 つくる責任つかう責任

13 気候変動に具体的な対策を

14 海の豊かさを守ろう

15 陸の豊かさも守ろう

16 平和と公正をすべての人に

17 パートナーシップで目標を達成しよう

「自分の会社のビジネスによって、SDGsのこの課題を解決します」
これが、これからの世の中では生き残る企業の事業モデルです。

円安が日本の環境保全の追い風に

CSV経営の一例として、第1章でも述べたワタミが支援する公益財団法人「Save Earth Foundation（SEF）」を紹介しましょう。

SEFの発端は森づくりでした。森は、水をためてダムの役目をしたり、CO_2を吸収して酸素を出したりといったさまざまな機能を備えています。

日本の森が抱える最大の問題は、手入れされなくなったこと。日本の森の約4割は、木材の生産等を目的として手入れされてきた人工林。人工林は、間伐等の手入れをしないと荒れ果てていきます。間伐しなくなった理由は簡単。輸入材のほうが安いからです。それなら私たちの力でなんとか森を守ろうと考えたわけです。

この事業は、円安に備えていません。なぜなら、円安になると勝てる事業だからです。円安になれば輸入材が高くなります。そうなると、日本の森の間伐材が勝てます。

日本の林業には未来があるのです。

ＳＥＦは、ゴミ問題にも取り組んでいます。現状では生ゴミは燃やしてしまったほうが安上がり。だから企業はコストを考えて再生しようとはしません。最大の問題は、輸送コストがかかること。１社で生ゴミを運ぼうとするとコストが見合いません。ネットワークをつくって共同で運べば、コストが下がります。そこでＳＥＦは、資源管理適正化支援システム「ＳＥＦ-Ｎｅｔ」を立ち上げ、食品リサイクルに向けた仲間づくりを進めています。今では４０００店舗以上が協力してくれるようになりました。

一般廃棄物は、市町村で燃やしています。しかし、日本が財政破綻すると、市町村にその余裕がなくなります。円安で燃料費が跳ね上がり、企業は自分たちでゴミを処理しなければならなくなります。そうなると、この「ＳＥＦ-Ｎｅｔ」を使ったほうが安くなるのです。

だから円安になると、ＳＥＦのふたつの事業は追い風です。

円安に対して強いのか。インフレに対して強いのか。自分の事業を顧みてください。

そこから打つべき手が見えてきます。

非営利団体も、日本破綻に備えた運営を

第2章で触れた「公益財団法人スクール・エイド・ジャパン（SAJ）」は、カンボジアで学校づくりを進めています。もう、300校を超えました。

ところが、学校をつくっても、学校に通えない子どもたちがいます。理由は大きくふたつあります。ひとつは、働いて家計を助けなければならないから。もうひとつは、制服や文房具を持っていないから。

この現状を目にしたとき、働かなければならない子どもたちに対しては、家庭へのお米支援を始めました。制服や文房具を持っていない子どもたちに対しては、備品を支給し始めました。

ところが、せっかく学校に来ても、お腹がすいて授業に集中できない子どもたちがいました。一日1食しか食べていないというのです。それなら、と給食を出し始めま

した。今、国連世界食糧計画（WFP）と連携して、毎日約1万人の子どもたちに給食を出しています。

さらに、ある学校に行ったとき、校長先生から「あの子がいなくなった」「この子もいなくなった」「売られていっているんじゃないか。心配なんだ」という話を聞きました。孤児があまりにも多い現状を見て、孤児院を建てました。

孤児院の子どもたちが卒業していくとき、働く場所がない。それなら雇用の場をつくろうと、カンボジアで農業を始めました。カンボジアの農業はまだ生産性が低い。そこで、生産性の向上を図るとともに、有機農業を教えています。

ただ、それだけでは十分食べてはいけません。持続可能にするために、農場で育てたレモングラスでせっけんを製造する事業を立ち上げました。商品化して、収益を上げられるようにするためです。

カンボジアでは、高校卒業試験でランク付けされます。ところが、SAJが運営する孤児院から上位のランクに入る子どもが出てきませんでした。どんなに優秀な子でさえCランク。わたしは最初、忖度があるのかと思っていました。しかし、そうではありませんでした。SランクやAランクを取るためには、首都プノンペンの優秀な先生の授業を受けなければ難しいことがわかったのです。田舎にはそういう先生がいません。田舎に生まれたら人生ノーチャンスになってしまうのが現実。それはかわいそうです。ましてや自分の孤児院の子どもたちです。それなら、プノンペンの優秀な先生の授業をビデオに撮って、DVDをカンボジア中に配ってしまおうと考えました。それができれば、カンボジアの子どもたちすべてがチャンスを手に入れられます。

今、カンボジア政府と連携して、事業がスタートしています。

農業もDVDも、なぜカンボジアの現地で事業として成り立たせようとしているのか。SAJの活動は今は日本からの寄付で成り立っていますが、近いうちにそれが見込めなくなるからです。そう、日本の財政破綻です。

日本からの寄付がなくなるという前提で今、取り組んでいるわけです。日本はいずれ寄付する余裕がなくなります。たとえ寄付してもらえても、円安で寄付金の価値が下がります。この2年~3年のうちに事業化して、自立して持続可能な組織にしていこうとしています。

バングラデシュでは、バングラデシュを代表するような学校をつくりました。これも日本からの寄付で成り立っていません。それでは持続可能ではありません。

そこで、2017年にインターナショナル校を設立しました。さらにバングラデシュの首都ダッカの富裕層の子女のための学校を隣につくったわけです。

わかりやすく言うと、1500人のうち、富裕層の500人からは学費をいただく。この学費で1000人分も賄うわけです。合わせて1500人のものすごい学校をつくるというビジネスモデルに今、切り替えようとしています。

寄付で成り立っているNPOやNGOは、寄付を当てにできなくなることを想定したほうがいい。寄付が集まらなくなって事業に行き詰まったら、支援先で困る人がたくさん出てくることでしょう。そうならないために、事業として成り立たせることを考えるべきです。

100年企業の象徴「ワタミオーガニックランド」

わたしにとって営利でも非営利でも、活動自体に区別はありません。お金が入る「ありがとう」か、入らない「ありがとう」かの差しかない。

ワタミが帯広の農家で契約栽培を開始したのが1998年の4月でした。20年以上つづけていますが、じつは有機農業事業は一度も黒字化していません。

しかし、やめるなんてことは露ほども考えたことはありません。これまで20億円以上を投資してきましたが、農地は年々拡大させています。

大きな時代の流れを見れば、有機の農作物が求められることは間違いないからです。

そのときに630ヘクタールの有機農場を持つ企業は、ワタミ以外に日本のどこにもありません。「地球上で一番たくさんの〝ありがとう〟を集めるグループになろう」このスローガンに着実に近づいています。

人類は食糧問題・環境問題・エネルギー問題に、これから確実に向き合っていく。ワタミはすべての問題に立ち向かって事業を展開しています。

あるとき、陸前高田の戸羽市長からこんな相談を受けました。

「渡邉さん、市内の中心地に28ヘクタールの土地があります。ここで何かできませんか？」

数百メートル先には東日本大震災の慰霊碑が立つ高田松原津波復興祈念公園があります。日本中の子どもたちに来てもらって、命の大切さや命の循環を学んでもらいたい。さらには、日本人だけでなく、世界の人たちにも命を考えてほしい。

ただ、自立して持続可能なモデルをつくらなければ、ほんとうの復興の場にはなりません。そこで、この陸前高田で生産したものを世界中へ売りこんでいく。地球、環境、エネルギー、共生、命をテーマに、オーガニックをベースにした21世紀の未来形を創っていく試みがスタートしました。

震災からちょうど10年の２０２1年3月11日、陸前高田市に「ワタミオーガニックランド」がオープンします。

有機農業をおこない、牛、豚、鶏といった家畜を育てるだけでなく、それらを加工する場や販売所、レストラン等も整備します。たとえば、玉子かけご飯を食べたければ、有機農場でつくった「たかたのゆめ」という陸前高田市のオリジナル品種のお米に、100%オーガニックの飼料で育った鶏の玉子を乗せていただくわけです。調理するエネルギーはすべて自家発電で賄います。

1次産業、2次産業、3次産業、すべてが循環する仕組み。ワタミが実現する世界がそのまま集約されます。ワタミオーガニックランドでは体が不自由な方にも働いてもらいます。1人も取り残さない。これこそ、SDGsの考え方です。

ワタミはこれまで手づくりや有機野菜にこだわってきました。しかし、法令等の制約上、必ずしも「有機」と表記できない商品があったのも事実です。

「ワタミのサラダって、全部有機じゃないの？」

「申し訳ありません。まだすべてが有機ではありません」

こうお客さまに答えざるをえない状況に、もどかしい思いをしてきたのです。

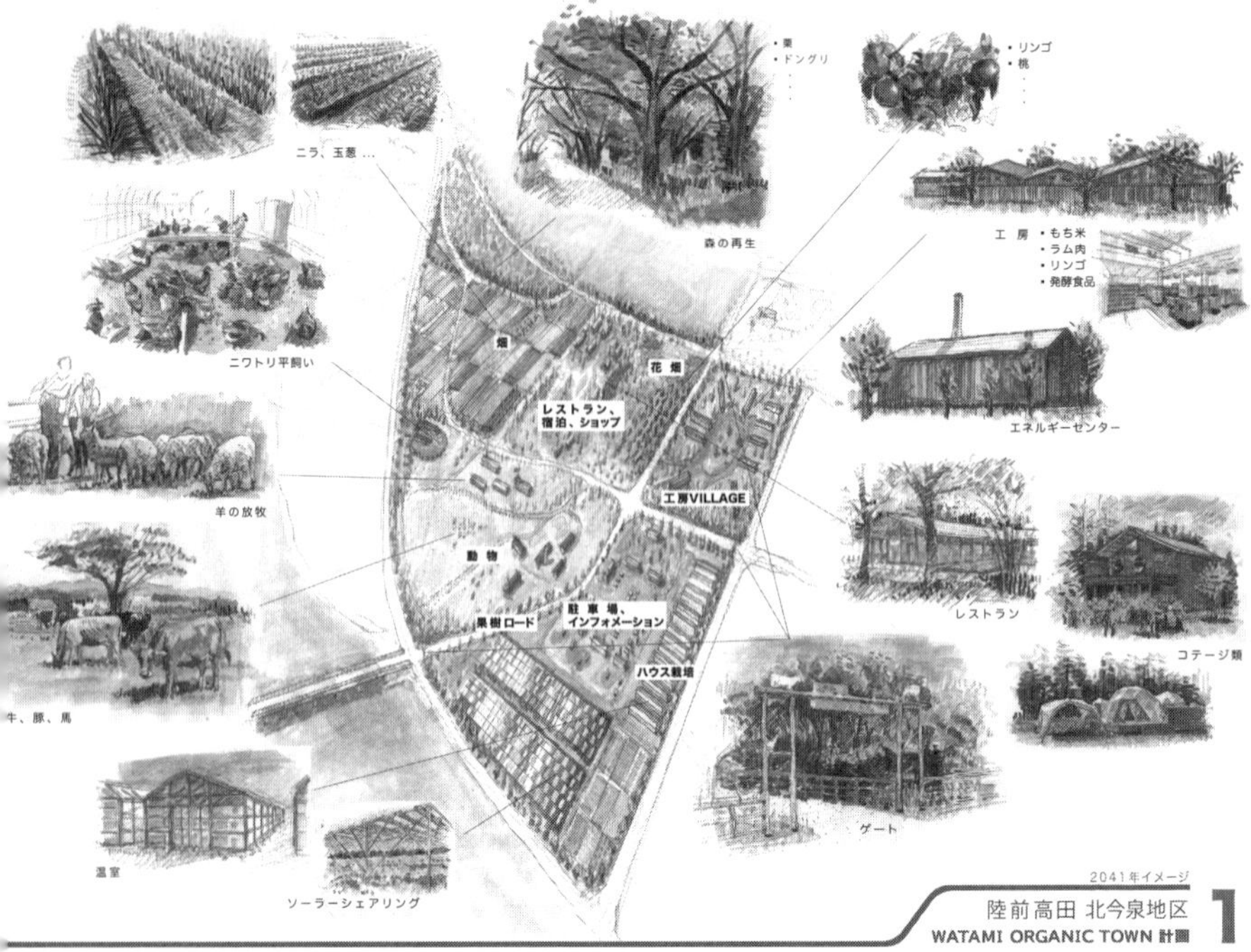

「ワタミオーガニックランド」イメージ図

ワタミが持続可能な１００年企業をめざすにあたって、ワタミオーガニックランドはひとつの象徴となるにちがいありません。

この地で、日本中の修学旅行生が復興祈念公園で命を感じて、ワタミオーガニックランドで命のつながりを感じる。

有機を学ぶ、命を学ぶ場を20年かけて完成させたいと思っています。この地を「ワタミオーガニック」というブランドで世界中に売っていく拠点にしたい。

今、とてもわくわくしています。わ

たし個人の理念を根本とした活動が、地球人類の人間性向上につながっている、未来の社会に必要となっていくという確信があるからです。わたしは楽しいことしかしません。好きなこと以外はしません。だから、無理なく楽しく仕事ができています。その結果、ワタミモデルという持続可能な新しい経営モデルができました。

わたしの根本には「人間は成長するために生まれてきた、成長するためにありがとうをもらって夢を追いかけることだ」という自分理念があります。

だから、ありがとうをたくさんもらうべく、毎日成長をめざして生きるのです。

まじめにやれば、成り立つのが経営

「あなたはなぜ会社をつくったのですか？」

「あなたは会社を興して何をしたいのですか？」

「あなたは自分の人生で何を残したいのですか？」

わたしは実践経営塾で、中小企業の経営者にこのようなことを質問します。これらが明確になって、はじめて経営方針や目標、戦略を立てられるからです。経営には、ミッション・ビジョン・戦略の3つが欠かせません。

遠慮せずに、創業期の企業はもちろん、中小企業も経営者が物語をつくればいいと思います。経営はほんとうに楽しい。政治家を経験して、より一層経営の楽しさを実感できるようになりました。

経営の楽しさとは何か？　自分が思い描くようになることです。まじめにいいモノを安くつくって、お客さまから「ありがとう」と言ってもらえれば、それで成り立つのが経営です。だからわたしは、経営はまじめにやれば失敗しないと思います。

これは政治とは大きな違いです。政治の世界では、どんなに国のため、国民のためになると思っても、すぐには何も変えられません。しかし、経営なら自分が思い描いたことをすぐに形にしていけるのです。

大切なのは、経営者が自然体であることです。その人らしい経営。嘘のない経営。

そうした自然体がいちばんだと思います。

会社の規模は、必ずしも大きければいいわけではありません。数人の規模でも、地域のお客さまからたくさんのありがとうを集めている素敵な会社がこの国にはたくさんあります。


わたしは「夢」にこだわりつづけてきました。

夢は、その人が生まれてきたから起きる、素敵な現実。

夢は、その人が生まれてこなかったら起きなかった、素敵な奇跡。


みんなが夢を追いかけることによってワタミは成長してきましたが、さらに広く社会の夢を応援したいと考えるようになって、公益財団法人「みんなの夢をかなえる会」を立ち上げ、「みんなの夢AWARD」というイベントを開催してきました。

10年経ち、他団体が開く同じようなイベントが増えてきました。そこで今、この会で力を入れているのが「実践経営塾」です。

わたしは、これから日本の逆境に立ち向かっていける起業家を1人でも多く育てる活動も広げていきます。年に90人、将来は1000人の経営者を育てたいと思っています。

第5章

経営者育成

会社はつぶしてはいけない

政治というのは人間の総論と各論に向き合う仕事です。高齢者が3倍になるので、あれば年金を3分の1にする。もしくは若い人に3倍の年金を納めてもらう。それだけの話なのです。お年寄りは子どもたちのために、若い人は高齢者のためにとみんな思っています。

しかし、自分の年金が3分の1になるのは嫌だ。3倍払うのは嫌だ。この各論とどれだけ向き合うのかが政治です。正しい間違っているよりも損得の世界。人間の欲の集結が政治の世界です。

ただ経営だけは総論も各論も一緒です。わたしは会社がまだ小さかったときに「業績の回復が見えるまでは昇給は辛抱してくれ」と言わなければならなかったこともあります。経営者にとって社員を幸せにすることが総論です。社員も会社がつぶれたら困るわけです。一時的に昇給されなくても会社が再生するという点において、各論はクリアできているわけです。社員が同じ志を共有しているからこそ、こうしたことができます。

国民の幸せと政治も本来は同じです。今は低い収入でがまんしなければならないときなんです。

わたしは未来の子どもたちのために、いい日本にしていこうという仲間をつくりたかったわけです。電気代が多少高くなっても、原発を使うのはやめようと言ったら「そうだよね」と同意してくれると思っていました。それがさまざまなしがらみによって実現できない。これが国と経営の違うところです。

ですから、経営者の皆さんには、財政破綻が現実となる日が来ても、社員とその家族たちの暮らしを守れるように、強い会社をつくってもらいたいと願っています。

わたしが10歳のときに父は自分の会社を清算しました。このことがわたしの意識に深く影響しているのでしょう。「会社はつぶしてはいけないものだ」というのがわたしの変わらぬ考えです。

会社をつぶさないために、経営者は高いアンテナを常に立てていなければなりません。

韓国経済はアジア通貨危機からわずか数年で回復しました。ＩＭＦは韓国政府に対して、緊縮財政、金融機関の整理統廃合、企業のリストラ、金融・資本規制の撤廃、労働市場の柔軟化、財閥企業の相互信用保証の解消等を求め、韓国政府は大胆な構造改革を断行したのです。わずか1年で為替は持ち直し、金利は安定して、実質経済成長率は劇的に改善しました。

日本の場合は、財政破綻が起こり、年金がご破算になり、社会保障制度が変わり、メーカーが日本製品をつくって外貨を稼いで再生するまで10年はかかると思っています。日本のトップ企業だったＪＡＬはかつて会社更生法を適用されました。しかし、今は見事に復活しています。

同じことがこの国にも訪れるでしょう。財政破綻しても、水面下でがまんして、もう一度成長段階に入る準備を進めていけばいいのです。そのために耐えられるだけの準備をしておきましょう。

時代は変わります。日本は変わります。このことを前提にしてビジネスモデルを見なおしてもらいたい。

海外に出ればいい、円安に対応すればいいという基本的な対策を押さえておくことは大切です。しかし、これらはあくまでもノウハウにすぎません。強い会社をつくるためには、自己資本を厚くして、損益分岐点を下げるしかありません。なんとしても自己資本を厚くして、損益分岐点を下げてほしい。そうすれば強い風に吹かれても、倒れることはありません。

10年間生き残ったところが次に飛躍できる会社になります。

経営者は常に学びつづける

わたしはよくスケジュール魔と言われます。「夢に日付を!」の言葉どおり、1年先までビッシリとスケジュールが埋まっています。半年先の約束はしますが、「今日は飲みに行こうか」ということはありません。

たとえば焼き鳥屋のことを調べたいとき、下調べして、行く日と店を決めて、一日に5軒くらい一気にまわります。

3日間の米国出張のとき、現地のコーディネーターに行きたいお店を12軒くらいピックアップして事前に伝えておきました。

するとと「視察の日程を組んでおきます。ところでゴルフの予定はいつにしますか?」と。わたしが「いや、ゴルフは入れない」と答えると、「わかりました。3日間でどこのお店からまわりたいというご希望がありますか?」と質問が飛んできました。わたしが「一日ですべてまわるんだよ」と返答すると、目を丸くしていました。

家族で海外旅行に行っても、一日9軒くらいレストランをまわるのは当たり前です。朝昼晩にそれぞれ1軒では一日3軒しかまわれませんが、それぞれ3軒ずつまわれば9軒の味を知ることができます。さすがに妻は付き合ってくれず、先にホテルに戻ってしまいますが。

スケジュール魔と言いましたが、地方出張のとき、現地の社員から「あの居酒屋、流行っているんですよ」と聞けば、「少し寄ろうか」と入ることもあります。30年以上外食産業に携わってきたわたしは、ちょっと立ち寄ってひと口料理を食べれば、経営の裏側がわかります。

「これ、今日仕入れないとできないよ。これで300円はすごいな。ここの経営者、努力してるね」

このように頑張っている経営者のお店に入ったときはほんとうにうれしい。こうして店の視察は多いときで、1日10軒以上になることもあります。

そして、その場で幹部には宿題を出すのです。たとえば30店舗を展開している会社でできることなら、500店、600店展開しているワタミにできないはずはありません。

駅でも、空港でも、「この店、最近流行っていますよ」と聞けば、「ちょっと買ってきて」「ちょっと入ろう」というのがわたしのいつもの行動パターンです。

外部環境を分析し、ビジョンをつくり、戦略を練っても、他社から学ぶ姿勢がなくなったら、経営者は終わりです。

「自分たちはどこよりもいい店をつくっているんだ」「うちの商品には、どこもかないっこないよ」と、独りよがりになっては足をすくわれます。お客さまのライフスタイルや嗜好を知るためにも、競合他社から学びつづけなければならないのです。

わたしは、長年米国の流通大手「シアーズ・ローバック」と百貨店チェーン「ノードストローム」をベンチマークしていました。

わたしが見ていたのは両社の全体の戦略。たとえば売り場構成やプライベートブランドの比率、プライベートブランドの強さ、価値といったものです。

ノードストロームについては、サービスの質やその裏側にある歩合制のあり方等、学ぶものはいくらでもありました。

22歳のときに米国の「ＴＧＩフライデーズ」に「なんてカッコいい店なんだ！」と感動しました。それからＴＧＩフライデーズをマークしつづけて、ＴＧＩフライデーズとの合弁会社を立ち上げるために交渉に乗りこんだときには、当時の副社長から「わたしよりあなたのほうがＴＧＩフライデーズにくわしいよ」と言われるほど研究をしていました。

日本のファミリーレストランを見るときに意識したのは「ファミレスにできないことをやろう」。ファミレスから何を足して何を引くか。わたしは、お客さまがクルマでお見えになる郊外型というファミレスのスタイルはいっさいやらないと決めました。ワタミは違う形でファミリー層に喜んでいただこうと考えたのです。ファミレスが駅前型だったらどうなるのか。これをシミュレーションしながらつくったのが「和民」でした。

経営戦略を立てようとすると、「何をやるか」に頭を悩ますケースが多いでしょう。先に考えるべきは、何をするかではありません。いちばん大事なのは、やらないことを明確にすること。その次に、やるべきことを明確にするのです。

そのときに、自社の立ち位置によって、戦略はまったく違います。その業界の中でリーダーでいたいのか、チャレンジャーでいたいのか、フォロワーでいたいのか、ニッチャーでいたいのか。たとえば外食産業において、私たちが居酒屋のトップでいたいとするなら、ファストフードでマークするのはマクドナルドです。業界のポジションを見誤らないことが、ベンチマークの秘訣です。

どんな業界でも、他社から学びつづけ、危機感を持って高速でPDCAをまわすべしです。

時間に目的を持たせる

わたしは新幹線に乗るときも、飛行機に乗るときも、「資料を読む」「本を読む」「考えごとをする」「少し休む」等、することを決めています。必ず時間に目的を持たせています。なんとなく無為に過ごす時間というものはありません。

地方に出張して懇親会に参加しても、21時15分にはホテルへ戻ります。夜、日記を書いて、本を読むというルーティンを崩したくないからです。

普段の読書は、寝る前の20分〜30分。以前は歴史小説ばかり読んでいましたが、最近は宮本輝や浅田次郎の小説等を読んでいます。

若いころは、話が弾んで楽しくて、飲みすぎてしまうことがありました。自分が飲める量は決まっていますが、それを少し超えてしまうこともあったのです。すると翌朝、二日酔いで少し頭が痛いわけです。そのときは「自分を律せなかった」「情けない」と深く反省したものです。「お前はダサい」と日記に記していました。

20代のころ、東京都大田区の蒲田に事務所をかまえていました。蒲田はスナックの数が日本でいちばん多い街だといわれています。わたしは何年間か、自分が経営しているお店に行った後、最後にスナックに寄って帰るのがルーティンのようになっていました。当時、スナックが面白くて、ワタミの最初の入社式をスナックで開いたくらいです。そのころ以来、仕事帰りに飲むことはなくなりました。

お酒は好きなので、外でも自宅でも飲みます。ただ、一日に飲むお酒の量は決めています。ウイスキーなら110㎖、ハイボールなら3杯まで。「今日は飲みすぎた」

ということはありません。

これはあくまでもわたしのスタイル。ワタミの幹部たちは出張先でわたしをホテルに送り届けたら、「もう1軒行こう!」と酒場へ繰り出していっているようです。それも個性です。他人にライフスタイルを強制することはありません。

「重要だけど、緊急ではないこと」を優先する

なぜ自己管理を徹底するのか? 『夢に日付を!』に書いたとおり、「重要だけど、緊急ではないこと」を優先してスケジュールを埋めているからです。

重要なことに手を打っておくと「重要で緊急なこと」が起きにくくなります。これを意識して行動しないと、緊急対応がどんどん増えていくのが嫌というほどわかっているので、わたしの場合、「重要だけど、緊急ではないこと」のスケジュールを1年先まで埋めなければならないという強迫観念のようなものまであります。スケジューリングは自分を守るための処世術なのです。

ですから、地方に出張しても、できるだけ泊まらずに自宅へ帰ります。新幹線に乗るときも、飛行機に乗るときも、予約した便よりも2本早く乗れるようならすぐに変更して飛び乗ります。

時間の使い方に関しては、10歳のときに母親を亡くした影響が大きいでしょう。人間はいつか死ぬということをそのときに刷りこまれたわけです。

ですから、自分の存在対効果を考えると、無駄な時間は過ごせない。時間がもったいないという感覚が常にあります。

ただ、わたしのやり方が正しいかどうかはわかりません。無駄な時間を過ごさないことで失っているものがあるかもしれません。ラジオ番組の対談でテリー伊藤さんからこんなことを言われました。

「もし、その場で誘われて飲みに行っていれば、新たな出会いや感動があるかもしれない。渡邉さん、それじゃ出会いがないでしょ！」

鋭い指摘です。ただたんにせっかちなだけということもありますが、時間の使い方については染みついたものなので仕方がありません。

ただ、24時間仕事人間かというと、そんなことはありません。週2本は必ず自宅で映画を観ます。運動をする日も決めています。自宅で落語を聴きながらエアロバイクを1時間こぐのです。

また、経営者として1人で思索する時間を大切にしています。年に7回～8回、屋久島の宮之浦岳（標高1936メートル）に登ります。これまで90回以上登りました。朝3時過ぎに起きて、しっかり朝食を取り、4時には出発します。ゆっくり登って8時半くらいには登頂します。宮之浦岳の頂上の祠でお参りして、12時半には下山して温泉に入るのがいつものパターンです。

山に登るとき、何かひとつ、考えるテーマを決めて歩きます。たとえば、介護事業や宅食事業を始めることは、山登りしているときに決めました。イメージを膨らませるのが屋久島での時間なのです。

西日本方面に出張したときは、年に数回、京都の東寺に寄って1時間瞑想します。大日如来坐像の前に静かに坐り、今後のことをイメージしたり、考えを整理したりします。

普段も朝と晩に仏間に入ります。朝はその日一日のスケジュールをすべてイメージで描きます。その日に誰と会うのか、どんな打ち合わせがあるのか、誰がどの席についてどんな話になるのか。こうした光景をあらかじめ思い描きます。もちろん突発的なことが起きることはありますが、毎日つづけているとイメージが外れることがほぼなくなります。

晩は日記を書いてその日一日を15分間振り返るとともに、瞑想をします。

今回、ワタミの指針を考えているときは、夕方はスケジュールを入れずに17時には議員会館をあとにしました。自宅で本を読むためです。

このとき、ピーター・ドラッカーやマイケル・ポーター、フィリップ・コトラーらの経営書を20冊読みました。本を読んだあと、自分の中で消化する時間もつくりました。中長期計画を練るために、自分が打ち出す方針に大事な項目が落ちていないか、3ヵ月かけてチェックしました。

自宅のあらゆるところには、メモを置いています。家に仕事は持ちこまないというのがわたしの考えですが、本を読んだり、考えごとをしたりしていると、どうしても仕事のアイデアが浮かぶわけです。仕事の作業はやりませんが、アイデアはメモします。山に登るときもメモを持っています。

生涯現役を貫く

夢に日付を入れたあとは毎日120%の努力で目標を達成します。目標は大きく6つ（「仕事」「家庭」「教養」「経済」「趣味」「健康」）の分野で立てていきます。

朝、起きたときにベストコンディションであること。健康管理は徹底しています。健康でなければ、「よし、5000億円企業をつくるぞ！」なんて到底思えません。健康なからだがあって、はじめて意欲も湧いてきます。

たとえば、ワタミ本社の社長室がある7階までエレベータは使わず階段で昇り降りしています。国会議員時代も参議院議員会館のわたしの部屋まで、やはりエレベータは使いませんでした。委員会や部会が終わって、一斉に退出するときには、階段を使う議員はわたしと隣の部屋の蓮舫さんくらいでした。

新幹線のホームに行くときも、エスカレーターは使いません。階段です。どうしてもすわったまま仕事をしたり、打ち合わせをしたりすることが多いので、自分の足で動ける場面はチャンスです。使わないのはもったいない。

体重は学生時代から変わっていません。夕食前に毎日体重測定するのですが、上下しても数百グラムの範囲内です。

面白いもので、つづけていると内臓脂肪レベルや筋肉量を当てられるようになってきました。「昨日はお酒が多めだったから、内臓脂肪レベルが10・0出ちゃうかな」と考えながら計測すると、ピタリと当たります。悔しいので夕食で調整するわけです。

ベストの体を維持することはゲームのように毎日楽しんでいます。

こうしたルーティンは、「どうしたら夢を実現できるのか」「そのためにいつも元気であるためにはどうすればいいいか」と、逆算するうちに出来上がっていきました。行動の源には常に夢があります。それに対して中長期の計画をつくる。さらに毎日の計画に落としこむ。自分の健康も計画を基にコントロールしていくのです。

寿命だけは神さまが決めるものですから、わたしの意思ではどうにもなりませんが、今、神さまに「あと29年、88歳まで仕事をさせてください」とお願いしています。

わたしは一度経営から離れてみて、創業者は死ぬまで創業者だということがよくわかりました。自分のつくった企業には、形はどうあれ創業者として常に経営責任がある。経営からは離れられないのです。

経営実践塾のなかで、コンサルタント業をしているある経営者から言われました。

「この塾はほんとうに勉強になります。『かつておれはこんなに速い球を打ったんだ』という話は、これまでたくさんの経営塾で聞いてきました。しかし、ここでは渡邉塾長自身が誰よりも速い球を打とうとしているという話が聞ける。5000億円企業をつくれなかったら、みんなでおれを笑え、でも実現したらあのとき言ったとおりになっただろうと思えと。渡邉塾長が誰よりも挑戦している。そこが決定的に違うところです」

この話を聞いて、「ああ、そうかもしれない」と思いました。ステージは違っても、経営者として戦っていることはみんな一緒なのです。ですから、わたしはこれからも現在進行形の話しかしません。

創業した会社の承継に失敗して、政治家としての6年間ではさまざまな葛藤もありました。

しかし、還暦を迎え、経営者として折り返し地点に立った今、とてもわくわくしています。政治家としての6年間をベースに、これからの29年間でどれだけの「ありがとう」を集めることができるのか、社員の幸せを実現できるのか。5000億円企業を達成する絵図はわたしの中で明確になっています。

ワタミの物語は、ここから始まるのです。

おわりに――母へ

政治家6年のあいだに、「初孫」が生まれました。

わたしの母は、わたしが10歳の時に他界しました。病弱な母は、わたしを産むと命の危険があるのに、わたしを産んでくれました。

自らが孫を抱くようになり、最上の幸せを覚えます。本来、母への最大の親孝行は、孫を抱かせてあげることだったでしょう。

自分より、息子（わたし）の未来を愛した、それがわたしの母の生き方です。ならば、わたしの息子（孫）、息子の子ども（ひ孫）を、どれほど愛したでしょう。

わたしは、どんなことがあっても、自分の借金を、子や孫に押し付けるようなことはしたくありません。

しかし、今の日本の政治は、子や孫の世代に、借金を押し付ける政策をしています。そのごく当たり前のおかしなことに対して、政治の場で「警鐘」を鳴らしつづけました。

ワタミは、100年企業をめざし、第二幕の物語が始まります。初孫には、母から1文字とり、その名を付けました。

100年先のワタミも、100年先の孫の家族も、想いが物語として、紡いでいくことを願います。

令和元年に、今の想いが記せた本書を出すことができました。「好きなことを書いてください」。たった一言、そう言ってくださったアチーブメント出版の青木仁志会長と、編集の白山裕彬さん、國木祥子さん、ライターの山口慎治さんに心より、感謝を申し上げます。

還暦の誕生日を前に、人生60年を振り返りいちばんうれしかった言葉は……母が「この子は大社長になります」、そう小学校の先生に言ってくれた言葉です。

改めて、母に「ありがとう」と伝えたい。これからの経営者人生も、その言葉を胸に、大きな夢に挑戦していきたい。

警鐘を鳴らした鐘の音色で、未来の日本が少しでも良くなることを、切に願っています。

令和元年9月吉日
河口湖書斎にて
渡邉美樹

追伸：いつの日か、孫の美日《みはる》が、この本を手にとる日に……
「美日の『美』は、美樹の母、美智子の『美』です」

300の提言（6年間における国会や自民党部会での政策提言・主張）

【財政再建】

1. プライマリーバランスを黒字化するためのロードマップを明示すべき。
2. 多くの国民の目に触れるところにリアルタイム「財政再建時計」を設置し、日本の財政状況に関する数値をリアルタイムで表示。
3. 日本版「財政責任法」を制定し財政規律と透明性を高める。
4. 予算編成手順の見直し。シーリング方式を廃止し、明確な目標と目標達成に向けた説得力ある計画のある施策にだけ予算化。
5. 新たな支出には財源手当てを義務付け。
6. 中央官庁は事業部門を分離し、政策立案機能に特化。
7. 事業部門は民営化して売却。売却益は公的債務の返済に充当。
8. 地方自治体の収益部門を分離して可能な限り民間へ委託。
9. マイナンバー制導入で、銀行口座など個人資産をすべて把握し、歳出削減と歳入増加に活用する。所得税や相続税の課税漏れ防止、生活保護費の不正受給防止、富裕層の特養入居防止。
10. 資産や所得に応じた新たな社会保障制度の制度設計・運用に活用。
11. 会計システムを見直し、国および地方自治体は、上場企業と同等レベルの発生主義・複式簿記・月次決算に。
12. 消費税率アップ。
13. 歳入庁を創設し、国税庁と日本年金機構の縦割り行政を改め、社会保険料等の完全回収。
14. 国が保有する資産のうち、売却可能なものは売却。
15. 各省庁でビジョン・戦略・ロードマップ立案とPDCA。
16. 政府（大臣）と行政（次官）の目標・責任の明確化。
17. 次官は公募制に。
18. 行政の事業仕分けと国家公務員人数削減。
19. 能力・実績に基づく公務員人事評価。
20. 公的サービスを民間（ソーシャルビジネス・株式会社）に移管し、小さな政府・行政の実現。

21.　ソーシャルビジネスは余剰公務員の受け皿に。

【選挙制度・議員歳費】

22.　1人一票が大前提。その前提の中で、「地方の意見を吸い上げる仕組みをどう作るか」を同時に考えれば良い。
23.　議員宿舎は廃止し、議員自ら借りる。
24.　公用車は廃止し、議員自らリースする。運転手も自ら雇う。
25.　JRのグリーン車に乗り放題などの特権は廃止。
26.　公務での出張旅費・交通費は使用した分だけ清算する方式に（企業と同じ）。
27.　政党助成金は同額を議員個人に直接支払い、政党の必要経費は、所属議員から徴収する。
28.　国会議員が使用する経費は1円残らず情報公開。
29.　衆議院と参議院を合併し、一院制に。
30.　小選挙区と全国比例代表並立制とし、小選挙区で2大政党制を促しつつ、全国比例で少数政党の声を拾う。
31.　首相公選制を導入。

【道州制】

32.　市町村と特別区・道州・国の役割分担を明確にする。カナダで実施している各政府が担当する事務・事業を明らかにするクリアテストをおこない、国と地方による第三者委員会を設置して随時、各行政体の事務・事業をチェックする。
33.　新規事業については特に第三者委員会の裁定を義務とし、今までのような二重行政、三重行政などの重複による無駄を排除し、各行政体の「自己財源」「自己決定」「自己責任」を明らかにする。
34.　地方税と国税の抜本的な見直し。
35.　地方交付税と補助金を廃止し、地方の共同税の創設による新たな税源調整制度の導入。
36.　道州制の導入と特別区の設置。
37.　道州等については、首長と議会が並立する現在の二元代表制を維持する。
38.　市町村については住民投票による住民の意思で、以下のいずれかを選択する。

①一元代表制

②議会内閣制

③弱首長制

④現行の二元代表制

39. 各行政体における財政健全化のガイドラインを策定し、財政収支計画と決算の公表を義務付ける。

40. 財政健全化委員会でチェックする仕組みを確立し、財政破綻を防ぐ。

41. さまざまな弊害を生んだ中央集権システムを解体するため、地方自治法、地方財務制度を含むすべての諸法令を改廃し、国と地方の従属的な関係を清算する。

【地方議員・地方公務員の削減】

42. 都道府県議会議員の定数減と報酬減。

43. 市区町村議会議員の定数減と報酬減。

44. 全国の都道府県議会議員、市町村議会議員は「ボランティア議員」を前提とし、日当制に。

45. 地方公務員の人数削減。

【医療】

46. 混合診療解禁。

47. 診療報酬の自由化。

48. 病院の株式会社経営解禁。

49. メディカル・ツーリズムの推進。

50. 家庭医（患者を最初に診る診療所）と専門病院の分業化。

51. レセプト（診療報酬明細書）の審査基準の明確化と有効活用

52. 医療費自己負担比率を収入に応じて引き上げ。

【介護】

53. 特養はセーフティネットに徹する（設備基準の見直しと入居基準の厳格化）。

54. 特養以外の介護付き有料老人ホーム、グループホーム等の自由化（規制緩和）と介護事業者の財務状況のディスクローズ。
55. 海外労働者の受け入れ拡大。
56. 介護労働者の医療行為の範囲拡大とマントル・ケア。
57. 介護保険料の見直し。

【年金】

58. “ベーシックインカム（最低限所得保障）”と“自己責任原則”双方の視点から、持続可能な年金制度をゼロベースで再構築。
59. 基礎年金（一階建て部分）は、老後の最低限の生活保障とし、保険料方式から消費税方式に切り替え、65歳以上の国民全員（所得制限あり）に支給。
60. 厚生年金（二階建て部分）は賦課方式から確定拠出方式とし、自らの積立金とその金利を将来受け取ることとする。

【経済活性化】

61. 農業、エネルギー、教育、医療、介護など、あらゆる分野で規制を緩和し、市場原理を導入。
62. 日本の法人実効税率を、シンガポール、香港並みに下げる。
63. 高い電力料金を規制緩和で低料金実現。
64. ベンチャー企業の育成、中小企業の経営力強化で雇用し納税を生み出す。
65. 日本への観光客を10倍に（国際観光国No.1へ）。
66. 農産物・食品等の積極的な海外展開。
67. クールジャパンの戦略的海外展開。
68. 相続税時限減税による資産流動化（例えば一年間限定で10％減）。
69. 地球のマーケットは24時間動いている。欧州、アメリカ、そしてアジアそれぞれで8時間。ロンドン、ニューヨークと並んで、日本がアジアの拠点となるために、欧米企業のヘッドクォーターを日本に呼びこむ政策を。
70. JETROの機能強化（ジェトロは「日本国株式会社」という意識が希薄。国別に、産業別・品目別の輸出目標を持たせ、目標達成のための戦略・戦術を描くべき）。

71. JETROのサービスを課題別にパッケージ化。
72. 外形標準課税を中小企業も対象に（強い企業が育まれ、結果として税収は増える。代替財源としての税収を目的とするのではなく、「強い企業を育て、強い経済にするためにはどうすべきか」という視点が必要）。
73. タクシー減車法案はアベノミクスの規制緩和に逆行するので反対。
74. 安全だけど高いタクシーと、安全性は低いけど安いウーバーを国民が選択できるように。

【中小企業を元気に】

75. 黒字企業はバブル崩壊後ずっと低空飛行。経済産業省の政策がまったく効果を発揮していない。経済産業政策はゼロベースで抜本的な見直しが必要。
76. 経営は戦いであり、最後の踏ん張り＝覚悟のために、個人保証は必要。個人保証がなくても融資が受けられる制度はナンセンス。
77. 「認定されたベンチャーファンド」を通さなくても、企業が直接ベンチャーに投資した場合、同様に出資額の8割を限度として損失準備金を積み立て、損金算入できるようにする。
78. 乱立する中小企業支援機関を統廃合してワンストップ支援体制の整備。
79. 経営のプロからなるボードメンバーを「経営の目利き」として各都道府県に設置。
80. 信用保証協会にビジネスの目利きを増やし、明日の日本経済の為に保証をする。
81. 信用保証制度を見直し、金融機関が無担保融資をした分のみ信用保証の枠を使うことができるようにする。
82. 「地域経済活性化支援機構」から専門家が企業に派遣される仕組みだが、B/Sを軽くする、キャッシュフローをラクにする専門家だけではなく、「売上を大きくできる」専門家が必要。ビジネスモデルをつくれる人をどれだけ採用・育成できるかが大切。
83. 防衛大のように給与を払い、卒業後は中小企業支援の現場で働いてもらう『経営のプロを育てる育成機関』を整備すべき。
84. 各種補助金で採択された各案件について、結果としてどれだけの効果があったのか、売上や利益が上がった企業は何社あるのか、モニタリングしてPDCAをまわすべき。

85. 代表的な施策や補助金については、その効果検証を中小企業白書で公表すべき。
86. 国として中小企業のM&Aを促進するため、まずは「事業引継ぎ支援センター」を47都道府県に設置すべき。
87. 代表的な市町村においてゼロベースで中小企業支援体制のモデルをつくり、成功モデルを横展開する。
88. 経営大学校を活用して、"新商工会"の経営指導員や"よろず支援拠点"のコーディネーターに対しては、初期は長期研修を受講させ、その後は定期的にケーススタディを学ばせることが必要。
89. 経営指導員やコーディネーター個々人の経営指導力の厳格な評価、資格制度または認定制度の導入、能力や成果に応じた給与体系などを導入するべき。
90. 保証割合100%の制度はNG。金融機関はリスクを負わないため、"目利き"が必要なくなるので、その融資が事業拡大や雇用拡大といった成果につながらない。
91. 一部のセーフティネットを除き、保証割合100%は廃止し、金融機関がリスクをとることにインセンティブが働くような制度改正が必要。
92. 経産省は急激な円安に対してリスクマネジメントを今から考えるべき。

【クールジャパン】

93. 国は「小さな本部」として3つの役割に徹する。① 環境の整備(規制緩和、輸出インフラ整備など)、② ブランディング支援(日本酒のブランディングなど)、③ 自立している企業の支援(金融・ノウハウ支援など)。
94. 様々なクールジャパン政策がラインナップされており、地域の中小企業の海外展開を支援する機関は多数あるが、責任の所在は不明確。クールジャパン推進と地域創生を目的に、海外展開及びインバウンド呼びこみにコミットメントする組織(以下、クールジャパン推進機関)を明確にすべき。
95. クールジャパン推進機関は、各市町村に、難しければ2~3市町村ごとに設置し、高度スキル人材（以下、クールジャパン推進責任者）を配置する。

96. クールジャパン推進責任者は、主体的に地域産業の海外展開やインバウンドを後押し。

97. クールジャパン推進責任者には明確な数値目標を持たせる。

98. クールジャパン推進責任者には自由度の高い予算を与え、市場調査、商品開発、プロモーションなど機動的に活動。

99. クールジャパン推進責任者をサポートするため、各都道府県に支援チームを組織化。

100. JETROは、市場調査、進出する国の提案、現地パートナー探し等、クールジャパン推進責任者を全面的にサポート。

101. クールジャパン推進責任者が務まる高度スキル人材を育成する経営大学校を設立し、卒業生には防衛大のように一定期間、地域勤務を義務付ける。

102. 佐賀県のタイTV局のロケ地誘致を全都道府県に紹介。

【出生率の向上】

103. 3人目以降は1人当たり1,000万円を出すなど、大胆な少子化対策。

104. 出生率を上げるためにフランス並みの国費（出生手当、出産費用無料、産休中の所得保障、育児手当、保育手当etcをフランス並みに充実）を投入。

105. 戸籍制度を撤廃して事実婚を認め、婚外子比率を高める。

【女性の就業率増大】

106. 時短勤務や在宅勤務など、多様な働き方の提供。

107. 安心して働ける労働環境の整備（企業の労務情報の開示）。

108. 育児休暇制度の充実（男性含む）。

109. 待機児童の解消。

110. 中学・高校の教育において、経営・経済へ関心の高い女子を増やす仕組み（中学・高校での職業教育、社会人経験のある教員の登用）。

【高齢者の就業率増大】

111. 原則として定年年齢を65歳以上とする。
112. 65歳以上の高齢者が働ける多様なビジネスモデル（非正規雇用含む）の構築支援（ワタミのまごころさんなど）。
113. 健康寿命を延ばす施策を。
114. 予防医療の充実。
115. 年金給付開始年齢の段階的引き上げ。

【障がい者の就業率増大】

116. 障がい者雇用の責任者を障がい者に任せる。

【移民政策】

117. 100年後も人口を8,000万人から9,000万人に維持するため、出生率1.8%の実現と合せて移民（外国人労働者）を毎年20万人受入。

【農業】

118. 農業は成長産業。TPPはチャンス。
119. 経済原則に従った農政を（「良いものを安く作り」「高く売る」が商売の原則。それを達成した事業者が喜ぶ仕組みへ）。
120. 農地の集約。
121. 遊休農地（耕作放棄地）には宅地並みの課税を（所有していると損となるような、手放す動機づけが必要）。
122. 株式会社の土地所有を解禁。
123. 新・農協（作物別マーケティング組織）の設立。
124. 新・農協の機能①　年間の出荷、マーケティング戦略の立案
125. 新・農協の機能②　3つの市場開拓～国内で値下げ圧力の高い市場、輸入にシェアを奪われている市場、海外市場
126. 新・農協の機能③　出荷業態別の品質基準
127. 新・農協の機能④　生産性向上のための研究調査
128. 新・農協の機能⑤　価格政策の策定
129. 新・農協の機能⑥　生産調整
130. 新・農協の機能⑦　ブランディング

131. 日本として作目別にブランド統一して、世界へ。
132. 輸出インフラを整備して海外展開支援。
133. 農業委員会の機能強化。
134. 全国農業協同組合中央会の「JAグループ営農・経済革新プラン」に「反対」。農協が法令で様々な優遇・特例措置を受けている中、民業を圧迫するような成長プランは間違っている。
135. 単位農協の監査は、独立性が担保された公認会計士による監査とすべき。
136. 准会員制度で加速する農協の多角化により、民業が圧迫されている。准会員制度の見直しを。
137. 准組合員制度を残すなら優遇制度（法人税優遇、独占禁止法適用除外、金融機関の兼業可）をはく奪すべき。
138. 高関税で守られ、過度に保護された業界は、結局弱くなる。弱者を保護するという発想ではなく、弱者を強くするために何をすべきか考えるべき。
139. 生産性の低い兼業農家の離農を促す。
140. 研究開発（生産性向上・商品開発）への助成。
141. 食料自給率の観点からの助成金に過度に依存した麦、大豆等への支援・転作助成廃止（必要量は輸入で賄う）。
142. 米類関係の交付金等の予算すべて米の生産量に応じた直接交付金として支払うことで、海外に輸出しても価格で勝負できる体制に。
143. 6次産業化で新たな需要の創出。
144. 青年等就農計画制度などを廃止して、農業生産法人の従業員への社会保障費の補助に充てる。
145. 集落や水利系ごとに農家・農地を集約し、企業体の形成を誘導する政策を。
146. 大規模化による生産性向上、土地改良の効率化等を図る。
147. 農協は金融（銀行・保険）や農業以外の活動（冠婚葬祭など）はすべて分社化し、分社化した組織に対しては、各種優遇制度を廃止。
148. 農協の本体（農業事業に特化）については従来通り、独禁法の対象外などの優遇制度を継続。
149. 農業委員会制度を廃止して、機能は行政へ引き継ぐ。
150. 林野庁と一体的な農地保護政策。農地周辺の森林再生・間伐を推進し、獣害を減らし、優良農地を守る。

151. 企業の農業参入を後押しすべき（7つのメリット）。
152. メリット① 規模拡大（安くつくれる）
153. メリット② 経営原則実行（投下資本小さく、ランニングコスト小さく）
154. メリット③ マーケティング、ブランディング（高く売れる）
155. メリット④ 六次産業モデル化（付加価値向上、輸出強化）
156. メリット⑤ 技術開発・研究開発（良いものを安く作れる、品質・反収向上）
157. メリット⑥ 地方創生（企業の地方進出、雇用創出）
158. メリット⑦ 人材育成（独立農家方式で安心して就農スタート、適材適所、教育を受けてから独立）

【漁業】

159. 太平洋クロマグロ漁において、沖合・まき網漁業と沿岸漁業それぞれで未成魚50%の削減目標が設定されたが、漁獲圧が高く、漁獲量の多い沖合漁業と沿岸漁業とで削減率は変えるべき。
160. 産卵期の成魚の漁獲制限は自主規制となっているが、規制内容を明確にすべき。
161. まき網漁業による移動中の死亡数の適切な取り扱いや、市場と漁船の口裏合わせを防ぐなど、公正に監視する第三者機関の設置が必要。
162. 沖合・まき網漁業と沿岸漁業、地域別にそれぞれ団体代表を呼んでもう一度意見を吸い上げ、必要に応じて管理方法を見直すべき。

【エネルギー】

163. 脱原発と再生可能エネルギー100%の推進。
164. 政府のリーダーシップとコミットメント。
165. 省エネ技術の開発と省エネ設備へのリプレース推進。
166. 省エネ推進に向けた国民の意識変革。
167. 省エネ達成度に応じたインセンティブ制度。
168. 自然エネルギーの開発・普及に向けた積極的な投資。
169. 発送電の分離と新規電力会社の参入促進。
170. 送電網へ投資し、自然エネルギー発電設備と幹線を結ぶスーパーグリッド（高圧直流送電網）構築。
171. スマートグリッド（次世代電力網）構築。
172. 全国の地域・事業所も巻きこんだ小規模発電網整備。
173. 農地法、温泉法、国立公園法、環境アセスメント法など関連法令の整備。
174. 原発がある前提とない前提の2通りのビジョンを描いた上で、どちらを選択するか国民に問うべき。
175. 再生可能エネルギーを「いつまで」に「どこまで」伸ばしていくかのグランドデザインを。
176. 農地において、農業と再生可能エネルギー事業（メガソーラーなど）の共存を図るために農地法改正。
177. 原発輸出の凍結。
178. 原発の発電コストが真にいくらなのかわからない。コスト算定には恣意性を感じる。
179. 既存の電気事業者から独立した第三者の有識者によるプロジェクトチームを発足させ、原発も含めた各発電コストを正確に計算し、公表して全国民で共有を。
180. 電力改革で発送電分離においてホールディングカンパニー制を認めてはならない。「法的分離」ではなく「所有権分離」に。減価償却の進んだ既存の電力会社と新規参入電力会社が公平に戦えるような環境整備を。
181. 電力自由化において既に自由化されている60%のうち、新規参入事業者から供給されているのはたったの3.5%。今のまま全体を自由化しても、本当に自由競争になるのか疑問。「なぜ3.5%だったのか」をしっかり分析し、そのうえで自由競争が成立する仕組み、例えば新規参入事業者が安い電力を調達できるようにする事が重要。
182. 「法的分離」で決まったのであれば、新規参入する企業との公平性の観点から、既存電気事業者の人事異動や資金調達などの『行為規制』を詳細に定めるべき。
183. 経産省案の2030年「再生可能エネルギー22〜24%」は消極的。再生可能エネルギーはもっと伸ばせる。経営は、まずゴールを設定し、ゴールから逆算して今、やるべきことを考える。エネルギー政策は、現状の延長線上でものごとを考えていることが問題。

184. 送配電部門は国有化して、再生可能エネルギーが自由に接続できる送配電網整備（北本連携・富士川50・60Hz連携設備の増強含む）。
185. 発電部門は再生可能エネルギー比率の目標を達成するため、再生可能エネルギーは原子力・火力と完全自由競争とせず、補助金等の政策誘導が必要。原発と他の火力が公平な競争環境となるよう、原発の発電コストを適切に見積もるとともに、従来の電力会社は卸売電力市場に適切な価格・量を卸すよう監視。
186. 小売り部門は、発電事業者が自ら小売りできる環境の整備（インバランス料金の規制緩和）。電気の「色」を示して多様なニーズに対応する市場形成。

【環境】
187. 2050年にCO_2排出量を、1990年比で70%削減。
188. 自然環境保全・生物多様性保全のため、官民一体となった森林経営の推進。

【食品ロス・廃棄物削減】
189. SDGs12.3には「2030年までに小売・消費レベルおける世界全体の1人当たり食料の廃棄を半減させる」とあるのだから、日本も同じように、「2030年までに、家庭系の食品ロス302万トン→150万トン、事業系330万トン→165万トンにする」という目標を掲げるべき。
190. 事業者に対しても一般消費者に対しても、「ごみを出した分だけ自ら費用負担する」という経済原則を適用するべき。家庭ごみの有料化や手数料のアップについて、国が積極的に推奨・推進するべき。
191. 食品卸売業者・食品小売業者・外食産業から排出される食品廃棄物も産業廃棄物とするべき。
192. 「まだ食べられる」ということを明確にするために、日持ちする食品に対しては、従来からの「賞味期限」と併せて、「消費期限」を設定し、両方表示すべき。
193. 食品ロスを大きく削減するためには、フードバンク団体の増加、フードバンクの取扱量の増加に資する支援・政策を強化する政策が必要。
194. できるだけ多くの事業者に「分別」と「計量」を義務付けるべき。

【アベノミクス】

195. アベノミクス「第1の矢　大胆な金融政策」は失敗。
196. アベノミクス「第2の矢　機動的な財政出動」は失敗。
197. アベノミクス「第3の矢　民間投資を喚起する成長戦略」は失敗。
198. すぐに大規模金融緩和の出口戦略の議論を。
199. 大規模な追加の財政出動はすぐにやめる。無駄な歳出を削減するため、それぞれの政策の費用対効果を検証し、効果の高い政策に集中投資する。
200. 民間投資を喚起する成長戦略はもっと積極的に実行（国家百年の計）。
201. 将来の不安の除去が最も大切であり、そのためには「労働力の確保」「経済活性化」「財政健全化」を推進。

【教育】

202. 情報開示で、保護者や生徒が学校を選択する目安を提示（各校の教育方針、私立の経営実態など）。
203. 公私間協議の撤廃。
204. 私立を含めて奨学金を充実。
205. 規制緩和で学校の新設を後押し。
206. 学校を自由選択制にする（教育に競争原理を持ち込む）。
207. 教員を360°評価（上司・部下・生徒・保護者）し、給与に反映。
208. 中学校、高校卒業時に卒業試験を実施。卒業基準をクリアできない場合は留年させる。
209. 高校生の10人に1人を一年間海外留学。
210. 教育委員会の常勤化　または　教育委員会の廃止。
211. 夢教育の実施。
212. 小・中・高校のシラバス・教育プログラムにキャリア教育を体系的に組みこむ。
213. 私立中学・高校の無償化。
214. 大学の無償化は必要ない。大学全入ではなく、厳格な入学試験や進級試験とセットでなければ、税金の無駄遣いになる。
215. 中高生にお金に関する教育を。

216. 高校生に起業教育を。
217. 不登校児が内申点を持って中学を卒業できる仕組みを。

【ODA】

218. JICAなどの政府機関だけでなく、入札（コンペ形式）によって、やる気のあるNGOなどに積極的に発注。
219. ODA（政府開発援助）のコストパフォーマンス向上。
220. ODAの対象を物的資本（道路や橋梁など）から人的資本（教育・雇用・福祉など）重点に。
221. 国会でのプロジェクト事前承認と効果の検証。
222. ODA予算のうち、NGO連携予算の拡大と、単年度ではなく継続年度予算化。
223. NGOの寄付税制優遇制度の見直し（法人税／所得税（個人）の全額またはその一部を「税金として収めるか、またはNGO等に寄付するかを選択できる仕組み」に）。
224. ソーシャルビジネスの環境整備（ソーシャルビジネス議員立法）。
225. ソーシャルビジネスの定義の明確化と認定制度確立。
226. ソーシャルビジネスに対する報告義務と監査制度の確立。
227. ソーシャルビジネスに対する資金調達支援。
228. ソーシャルビジネスに対する税法上の優遇措置。
229. ソーシャルビジネスに対する経営指導。
230. ソーシャルビジネスの人材育成支援。
231. AU（アジア共同体）の実現。

【東日本大震災からの復興】

232. 多くの被災地に共通する課題に対する政策的なバックアップを。
233. 課題①　どうやって人を呼びこむか
234. 課題②　どうやって既存の企業を元気にし、外から企業を呼びこむか
235. 課題③　どうやってものを売るか
236. 復興交付金制度の継続と災害復旧事業期間の延長。
237. 原発被害のブランド毀損は著しいため、自治体名のブランドチェンジも

検討すべき。

238. 被災3県で協同して作物別マーケティング組織「新農協」「新漁協」をつくるべき。

239. 国がお金の使い方を決める「中央集権体制」は限界。被災地における最高のタウンマネージャーは首長。首長に自由度の高い予算と権限を渡すべき。

【地方創生】

240. 地方に人（観光客・買い物客）を呼び込むために、タウンマネージャー体制の整備。

241. 食の地産地消の推進。

242. 6次産業化の推進。

243. エネルギーの地産地消の推進。

244. 地域企業の海外進出・輸出の支援。

245. 地域課題を解決するソーシャルビジネス（ソーシャル起業家）の支援。

【労働者保護】

246. 残業時間、離職率、労基法違反など、企業の労働実態のすべてを開示すべき。

247. 過労死防止に関する法律が出来た後もP（計画）D（実行）C（評価）A（改善）サイクルをまわしてさらなる充実化を図る仕組みが必要。また、どこまでを過労死とするのか、労災と過労死の関係を明確にするべき。

248. 米国のように「勤務態度が悪い」「成果が著しく低い」など正当な理由があれば社員を容易に解雇（2回警告、3回目に解雇（スリーアウトルール））できる労働法制にし、企業が正社員を雇いやすくすることで、派遣社員が減る社会に。派遣社員が減れば同一労働同一賃金も実現可能（望まない解雇は自己責任。ただし不当解雇に対するセーフティネットおよびキャリアアップ支援制度は整備する）。

249. 高度プロフェッショナル制度は、労働者の生産性向上や生活の充実につながり、全面的に否定するのではなく、何かしらの前提条件等を設けて導入するべき。

250. 過労死は絶対に無くさなければならないが、働くことは決して悪いことではなく、生きがいであり、自己実現であり、働くことでたくさんのありがとうを集めて成長していくもの。国を挙げて「働くな、働くな」では、これからますます増える高齢者を守ることもできない。

【貿易保険】

251. テロや戦争リスクに対する貿易保険において、保険対象になる事件とならない事件の基準を明確に。

【食品の偽装表示】

252. ルールと定義を明確に。誤表示と偽装表示は違う。

【商標】

253. イメージの模倣がまかり通る社会であってはならない。
254. 店名・外観・コンセプトを他社に模倣されない為の商標法の改正を（トレードドレス）。
255. におい、味、触感など、他国で保護の対象となりながら、日本においては保護対象から外れている分野も保護の対象に。
256. 「地域団体商標」は品質基準がなく、先願主義で登録者のみの権利を守るものなので地域全体の発展を阻害する危険がある。
257. 特産品のブランドを守るために、模倣品や偽物を排除するための商標権や品質基準も含めた法的整備が必要。
258. EUの「地理的表示制度」を参考に、日本の酒類を対象にした「地理的表示」も含めて、地域商標制度を総合的に検討するべき。

【国家戦略特区】

259. 効果検証をどのような基準でおこなうか、事前に決めるべき。

【食料自給率】

260. カロリーベース食料自給率ではなく、有事の時にすぐに使える肥えた土地がどれだけ確保されているか、を管理すべき。

【郵政ユニバーサルサービス】

261. 郵便事業だけでは郵便局事業のコストをまかなえない。よって、ユニバーサルサービスを守るために、郵政各社のガバナンスや上場等について再検討すべき。

【憲法改正】

262. 前文を見直し。
263. 9条を見直し、個別的・集団的自衛権について明確に規定。
264. 緊急事態発生時について憲法で規定。
265. 国旗および国歌について憲法で規定。
266. 財政健全化について憲法で規定。
267. 96条（憲法改正条項）を緩和。

【統合リゾート・カジノ（IR）】

268. 日本人は、身分証明・マイナンバー含む資産情報等をインプットしたカードを挿入しないとプレイ不可。
269. プレイの履歴をすべて記録し、一定の金額を超えたらチェック対象とする。
270. 海外旅行者に対しても同様の情報を求め、自国出国前に申請させる。
271. ジャンケット制度はNO。

【安保法制】

272. 米軍や国連軍を後方支援するということは「戦争に関わる国になる」ということ。国民は二者択一を求められている。憲法改正も含め、国民的議論をする必要がある。
①日米同盟に基づき、有事の際には米国に守ってもらう。代わりに、米国の戦争または国連決議下の戦争を支援する。
②スイスのように武装中立国となり、他国の戦争に関わらない代わりに、自国のことは自国で守る。徴兵制含め、ある程度の軍事力を保持する必要がある。

【セーフティネット】

273. 国民や民間企業の「一定の自己責任」を前提に、国・行政は、“本当に必要な人”へのセーフティネットを整備する。(例) マイナンバーを活用して、生活の苦しいシングルマザーへの支援（顔が見える支援） ⇒ 全国一律3万円といったバラマキはNG

【政治に経営手法を取り込む】

274. 強力なリーダーシップで、ミッション（使命／目的）を示し、ビジョン（方向性／目標）を明確にする。ビジョンには「明確な数値目標」と、「いつまでに」というスピード感をもった時間軸を明確にする。
275. ビジョンを実現するための戦略をたてる。戦略には、KPI（ Key Performance Indicator／重要業績評価指標）を明確にする。目標達成の責任者を明確にし、目標達成に必要な権限と資源を与える。目標／ KPIの達成状況を短いスパンで確認し、高速でPDCAをまわす。
276. 現状のKPIはタイムリーに達成状況を確認できない。四半期ごとに確認できるKPIを設定すべき。
277. 現状、KPIの達成の責任者は不明確。KPIの達成状況が人事考課に加味されるのかどうかも含め、責任の所在が曖昧。
278. 企業の内部留保を吐きださせる政策、最低賃金を上げる／給与を上げる政策などの議論は、国の役割をはき違えている。自由主義社会は「神の見えざる手」によって動いている。国がコントロールすることはできない。民間でできることは民間に。
279. 政治家・官僚主導の「プロダクト・アウトの政策」ではなく、国民・企業のニーズを聴いて、「マーケット・インの政策」を立案する。
280. 国・行政にとって国民は株主であり、お客様であり、各省庁部門別のP/Lや政策の費用対効果の検証結果などをタイムリーに情報開示する。

【行政監視】

281. 行政事業レビューでは、外部有識者から様々な改善提案が出ているが、無視されている。外部有識者のそれぞれの意見の採否を誰が決めるのか明確にすべき。
282. 個別の事業だけでなく、中小企業支援体制の全体について行政評価を実施していない。実施するべき。

【受動喫煙防止】

283. 一定面積以下、例えば、30坪以下の飲食店で、エアカーテン等による分煙対策が講じられていれば、受動喫煙防止法上、喫煙可とする。
284. 飲食店に対して中小企業等経営強化法について積極的に広報し、本制度の周知を図り、飲食店は本制度を活用してエアカーテンといった空調設備を導入する。

【富士山】

285. 富士山庁の設立。
286. 五合目以上への入山制限。
287. 入山料の義務化。
288. 富士山レンジャーの設置と講習義務化。
289. 富士山登山鉄道で「環境」「経済・観光」の両立。
290. 山小屋の増改築・リニューアル。
291. 五合目の再開発。
292. 厳しい景観規制を。

【日本メコン地域諸国友好議員連盟】

293. メコン5か国を各国それぞれではなくひとつの地域（面）としてとらえた政策を。
294. コールドチェーンも含めた輸出インフラの整備。
295. 透明性・公平性のある選挙制度の確立支援。
296. 日本からの投資促進。
297. 産業人材の育成支援。
298. JETROが発行する日系企業向け／日本人向け情報誌の内容見直し。
299. WFPによる現地の貧困状態の徹底した調査による、支援が必要でありながら支援が行き届いていない家庭への支援。
300. 日本のODAとWFPとのさらなる連携。

参考文献等

小林慶一郎編著『財政破綻後』(日本経済新聞出版社 2018.4)
小黒一正『預金封鎖に備えよ』(朝日新聞出版 2016.10)
藤巻健史『日銀破綻』(幻冬舎 2018.11)
藤巻健史『国家は破綻する』(幻冬舎 2016.11)
財務省「わが国財政の現状等について」(2019.4)
木村正人『EU崩壊』(新潮新書 2013.11)

水野順子「韓国:財閥の倒産と通貨危機」『97年アジア通貨危機―東アジア9カ国・地域における背景と影響を分析する』(アジア経済研究所 1998.1)
中央日報日本語版「韓国、IMFへの救済要請から20年」
https://japanese.joins.com/article/654/235654.html (2019.9.13閲覧)
ニッポン放送「渡邉美樹 5年後の夢を語ろう!」

著者プロフィール

渡邉 美樹（わたなべ・みき）
ワタミ株式会社代表取締役会長兼グループCEO・元参議院議員

ワタミグループ創業者。「地球上で一番たくさんのありがとうを集めるグループになろう」という理念のもと、外食・介護・宅食・農業・環境等の事業を展開し、「独自の6次産業モデル」を構築。

実名企業小説「青年社長 上・下」「新青年社長 上・下」（高杉良著）の実在モデルでもある。

日本経団連理事、政府教育再生会議委員、神奈川県教育委員会教育委員、日本相撲協会「ガバナンスの整備に関する独立委員会」委員、観光庁アドバイザーを歴任。現在、「学校法人郁文館夢学園」理事長、「公益財団法人School Aid Japan」代表理事としてカンボジア・ネパール・バングラデシュでの学校建設（308校）・孤児院運営、「公益財団法人みんなの夢をかなえる会」代表理事として、実践経営塾「渡美塾」や若者の夢の支援、「公益財団法人Save Earth Foundation」代表理事として、限りある自然資源を有効利用し、持続可能な循環型社会づくりにも携わる。「医療法人盈進会岸和田盈進会病院」元理事長として、病院経営も経験。

2011年、行政に経営を持ち込むため東京都知事選に立候補。101万票を獲得。

同年6月より、岩手県陸前高田市参与（震災復興支援）に就任。

2013年、参議院選挙（全国比例区）において、104,176票を獲得し当選。

財政再建と脱原発をはじめ、6年間、経営者の視点で政策提言をつづけ、「外交防衛委員長」も経験する。

2019年7月、参議院議員を退任し、ワタミ株式会社取締役ファウンダーとして経営復帰。

2019年10月、ワタミ代表取締役会長兼グループCEOとして本格経営復帰。

本書の著者印税は、全額「公益財団法人School Aid Japan」に寄付致します。

警鐘

2019年（令和元年）10月7日　第1刷発行

著　者——渡邉美樹
発行者——青木仁志
発行所——アチーブメント株式会社
〒135-0063　東京都江東区有明3-7-18
有明セントラルタワー 19F
TEL 03-6858-0311（代）／ FAX 03-6858-3781
https://achievement.co.jp
発売所——アチーブメント出版株式会社
〒141-0031　東京都品川区西五反田2-19-2
荒久ビル4F
TEL 03-5719-5503 ／ FAX 03-5719-5513
http://www.achibook.co.jp
企画協力——宮島伸浩
装　　丁——鈴木大輔・江﨑輝海（ソウルデザイン）
本文DTP——キヅキブックス
カバー写真——藤谷勝志

印刷・製本——株式会社光邦

 ISBN 978-4-86643-060-7